アッと驚く
英語の語源

時空を超えて英単語誕生の秘密に迫る
120の物語

小泉牧夫

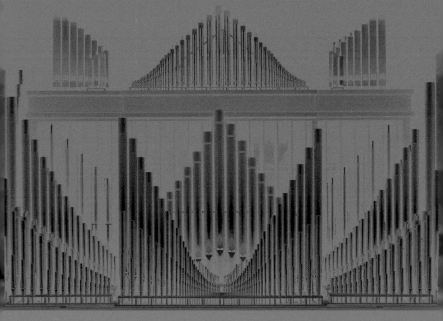

サンマーク出版

アッと驚く英語の語源

時空を超えて
英単語誕生の秘密に迫る
120の物語

プロローグ ························· ▲ Prologue

　「ほうほうの体」という言葉があります。真っ暗闇を歩いていて目の前に突然お化けが現れた時などを想像してください。恐怖のあまり慌てて逃げようとしますが、腰を抜かしてしまって脚が全く動きません。そんな時は手で地面を掻いて這うようにして逃げます。何と「ほうほうの体」は「這う這うの体」からきているのです。

　「冷たい」という表現は「爪が痛い」からきています。触ったものの温度がすごく低くて、手の先の爪が痛いということなのです。

　中国の故事に由来する日本語も少なくありません。ちょっと前のことですが、私は60巻ある横山光輝の漫画『三国志』を毎晩1冊ずつ読んでから寝ることにしていました。「背水の陣」「四面楚歌」「泣いて馬謖を斬る」「三顧の礼」といった表現を壮大なストーリー展開の中でじっくり味わうことができました。それは私の人生で最高の“至福の時間”と言っても過言ではありません。

　その時、つくづく実感しました。日本語とは何と豊かな語彙に満ちた素晴らしい言葉なのかと。語源をたどっても、そこには何とも広大で深遠な世界が広がっていたのです。

　英語という言語も、日本語に勝るとも劣らないくらい興味深い言葉です。語源に迫っていくと、現在の意味とはまるっきり違うことにしばしば驚かされます。長い歴史の中で他の言語とぶつかり合い融合したことで、ダイナミックな語彙変化が生じたのです。いま日本の教育現場でふつうに使われて

いる「カリキュラム」という英語は、古代の戦争で使われていた「戦車」、つまり「戦闘用の馬車」からきています。「アルコール」も人を酩酊状態にする液体の「酒」ではなく、アイシャドーを描いたりアイラインを引いたりするために使われた「黒い粉」という意味でした。

このような語源は、代表的な英英辞典"The Oxford English Dictionary" (OED)「オクスフォード英語辞典」だけでなく、少し本格的な日本の英和辞典ならふつうに載っています。でも、なぜ「古代の戦車」が教育用語の「カリキュラム」になったのか、化粧用の「黒い粉」がなぜ現在の「アルコール」になったのかという解説がありません。英語や日本語の「英語語源辞典」では、英単語の意味が古い順に並び、英語以前のギリシア語やラテン語などの綴りの変化も載っていますが、問題意識をもって読まないと、すらすら頭に入ってくるものではありません。もちろん英語の語源に関する本もあるにはあるのですが、項目ごとにほんの数行の説明があるだけで、言葉の変化の背景にある"ドラマ"が描かれていないのです。

だったら自分で書けばいいじゃないか！――ふとそう思ってしまったのが"間違い"のもと。私は無謀にも原書も含めた膨大な資料や史料と格闘することになったのです。

そのように語源を調べる中で、私が「アッ」と驚いた英語の語源を選んで本書を編みました。その数は120になりましたが、Ⅰ章では「身近な英語のビックリ語源」と題して誰もが知っているような英語の驚きの語源を、Ⅱ章では「人名」が語源になっている英語を、Ⅲ章では英語の「病名」の語源を取り上げました。また、Ⅳ章では神話や神々の名前が語源になっている英語を、Ⅴ章では「宇宙や星」に関する英語の語源を、Ⅵ章

では「動植物」に関する英語の語源を紹介しています。そして最終章のⅦ章では歴史的な事件や潮流が語源となっている英語を解説しています。

　この本は最初から順に読んでも、気に入った項目から拾い読みしていただいても構いません。また、そうした読み方ができるように項目ごとに話が完結していますので、多少の重複があることをご容赦ください。

　よく語られている語源には、かなりいい加減なものもあります。私は個人的に"なんちゃって語源"と呼んでいますが、言語学の用語では「民間語源」とか「通俗語源」と言います。例えばhistory「歴史」がhis「彼の」＋story「物語」からきているとか、日本語の「名前」が英語のnameと語源が同じだというような"こじつけ"です。定説だと思われていたことが新たな史料の発掘によって、民間語源に格下げになってしまう場合もあります。

　でもそういう話って、とても魅力的でおもしろいものです。無視して全く書かないというのももったいないので、各項目の間にColumn「コラム」を設け、信憑性は低いけれどもおもしろい語源、複数の語源がある英単語、「英語の歴史」や「神話の歴史」など各項目の内容を串刺しにする解説などを挟み込みました。私の英語にまつわる鮮烈な記憶なども交えて、かなり自由に書いてみましたので、気軽に読んでみてください。

　本書は英語の語源に関する本です。しかし内容は単に言葉にとどまりません。歴史上の大事件、現在に名を残す人物、神話や伝説や宗教、文学作品や絵画や音楽、発明や技術革新、疫病や治療法から果ては宇宙にまで広範に及んでいます。さまざまな分野の知識や情報がたくさん詰まっています。英語

の語源をたどることは、欧米の学問的な思考をなぞることにもつながることがおわかりいただけると思います。

　世界を股にかけて活躍する日本人ビジネスマンの中には、英語には自信があってもパーティの席での話は苦手という人も少なくありません。そこで交わされる外国人ビジネスマンの教養ある会話についていけないからです。この本が読者のみなさまにとって英語に興味を持つだけでなく、教養の世界に目を向けるきっかけとなれば、こんなにうれしいことはありません。

　それはきっと、あなたの人生をもっともっと豊かで楽しいものにしてくれることでしょう。

・ギリシア語やラテン語、アラビア語、フランス語、ドイツ語、イタリア語、古英語、中英語など、現在の英語以外は斜体で表記しています。

・英語やフランス語などの発音は、便宜上カタカナで表記しており、実際の発音とは異なります。

・ギリシア語やラテン語のカタカナ表記は、「人名」「神名」「地名」及び暦の「月」などでは慣用に従い、長音（ー）や促音（ッ）の表記を省略しています。

・本文中の(p12)や(p34)などは、その英単語が詳しく解説されているページを示しています。

目次

✦ Contents ✦

プロローグ ‥‥‥‥‥‥‥‥‥‥‥‥‥‥‥‥‥‥‥‥‥‥‥‥‥ 2

Ⅰ　身近な英語のビックリ語源

curriculum［カリキュラム］／古代の「戦車」‥‥‥‥‥‥‥‥ 12

magazine［雑誌］／倉庫 ‥‥‥‥‥‥‥‥‥‥‥‥‥‥‥‥‥ 14

robot［ロボット］／チェコ語の「苦役」‥‥‥‥‥‥‥‥‥‥ 16

panic［パニック］／ギリシア神話の牧神「パン」‥‥‥‥‥ 18

gourmet［グルメ］／ワイン商人の「従者」‥‥‥‥‥‥‥‥ 20

gag［ギャグ］／さるぐつわ ‥‥‥‥‥‥‥‥‥‥‥‥‥‥‥ 21

frank［ざっくばらんな］／中世フランク王国の「フランク人」‥‥‥ 22

denim［デニム］／南仏プロヴァンスの町「ニーム」‥‥‥‥ 24

cashmere［カシミア］／カシミール地方 ‥‥‥‥‥‥‥‥‥ 25

bikini［ビキニ］／原爆実験が行われた「ビキニ環礁」‥‥‥‥ 26

コラム①　OKの語源いろいろ ‥‥‥‥‥‥‥‥‥‥‥‥‥‥ 28

camera［カメラ］／丸天井 ‥‥‥‥‥‥‥‥‥‥‥‥‥‥‥ 30

focus［焦点］／暖炉 ‥‥‥‥‥‥‥‥‥‥‥‥‥‥‥‥‥‥ 32

sirloin［サーロイン］／フランス語の「腰の上の肉」‥‥‥‥ 34

freelance［フリーランス］／傭兵 ‥‥‥‥‥‥‥‥‥‥‥‥ 35

travel［旅行］／拷問 ‥‥‥‥‥‥‥‥‥‥‥‥‥‥‥‥‥ 36

コラム②　一夜にして英語になったquiz「クイズ」‥‥‥‥‥ 38

gym［ジム］／裸の ‥‥‥‥‥‥‥‥‥‥‥‥‥‥‥‥‥‥ 40

alcohol［アルコール］／黒い粉 ‥‥‥‥‥‥‥‥‥‥‥‥‥ 42

shampoo［シャンプー］／押せ！‥‥‥‥‥‥‥‥‥‥‥‥‥ 43

umpire［審判］／同等ではない人 ‥‥‥‥‥‥‥‥‥‥‥‥ 44

コラム③　英語の歴史 ‥‥‥‥‥‥‥‥‥‥‥‥‥‥‥‥‥ 46

lounge［ラウンジ］／ローマ軍の隊長「ロンギヌス」‥‥‥‥ 48

alphabet［アルファベット］／ギリシア文字の「アルファ」と「ベータ」 50

cancel［キャンセル］／格子 ‥‥‥‥‥‥‥‥‥‥‥‥‥‥ 52

nice［ナイス］／無知な ‥‥‥‥‥‥‥‥‥‥‥‥‥‥‥‥ 53

bank［銀行］／ベンチ ··· 54

siren［サイレン］／海の妖精「セイレン」····················· 56

stoic［ストイック］／哲学の講義が行われた「柱廊」······ 58

flea market［フリーマーケット］／蚤の市 ···················· 60

biscuit［ビスケット］／2回焼かれた保存食 ················· 62

bus［バス］／すべての人のために ······························· 63

school［学校］／暇 ·· 64

alibi［アリバイ］／別の場所に ·································· 66

family［家族］／召使い ··· 67

hobby［趣味］／「ホビー」という馬の名前 ···················· 68

taboo［タブー］／トンガ語の「禁制」··························· 70

jinx［ジンクス］／不吉な鳥「アリスイ」····················· 71

mentor［良き助言者］／オデュッセウスの家臣「メントル」······ 72

II 英語になった人の名前

Platonic love［プラトニック・ラヴ］／プラトン ············ 76

July［7月］／ユリウス・カエサル ····························· 78

August［8月］／初代ローマ皇帝「アウグストゥス」········ 80

コラム④ Caesarean section「帝王切開」の語源はカエサル？··· 82

pantaloon［パンタロン］／聖パンタレオン ··················· 84

Bloody Mary［ブラッディ・メアリー］／イングランド女王「メアリーⅠ世」 86

nicotine［ニコチン］／フランスの駐ポルトガル大使「ジャン・ニコ」 88

quixotic［空想的な］／ドン・キホーテ ························ 90

guy［やつ］／火薬陰謀事件の主犯「ガイ・フォークス」 ········ 92

sandwich［サンドイッチ］／サンドイッチ伯爵 ·············· 94

silhouette［シルエット］／フランスの財務大臣「シルエット」···· 96

guillotine［ギロチン］／パリ大学医学部教授「ジョゼフ・ギヨタン」 98

コラム⑤ 4人のLynch「リンチ」································ 100

braille［点字］／ルイ・ブライユ ····························· 102

boycott［ボイコット］／チャールズ・ボイコット ·········· 104

cardigan［カーディガン］／カーディガン伯爵 ·············· 106

bloomer［ブルマー］／アメリア・ブルーマー ··············· 107

sideburns［もみあげ］／南北戦争の「バーンサイド将軍」······ 108

hooligan［フーリガン］／パトリック・フーリガン ・・・・・・・・・・・・ 110

Fahrenheit［華氏］／ガブリエル・ファーレンハイト ・・・・・・・・・ 112

Celsius［摂氏］／アンデルス・セルシウス ・・・・・・・・・・・・・・・・・・ 114

mesmerize［催眠術をかける］／フランツ・メスマー ・・・・・・・・・ 116

コラム⑥ 「愛国主義者」という英語 ・・・・・・・・・・・・・・・・・・・・・・・・ 118

teddy bear［テディベア］／セオドア・ルーズヴェルト大統領 ・・ 120

groggy［グロッキー］／イギリス海軍の「グロッグ提督」 ・・・・・・・ 122

Ⅲ 興味深い英語の病名

influenza［インフルエンザ］／星の影響で発生する「疫病」 ・・・・・ 124

cancer［がん］／カニ ・・・・・・・・・・・・・・・・・・・・・・・・・・・・・・・・・・・・ 126

plague［ペスト］／ギリシア語の「一撃」 ・・・・・・・・・・・・・・・・・・・・ 128

syphilis［梅毒］／羊飼いの美少年「シフィルス」 ・・・・・・・・・・・・・ 130

cholera［コレラ］／胆汁 ・・・・・・・・・・・・・・・・・・・・・・・・・・・・・・・・・ 132

malaria［マラリア］／悪い空気 ・・・・・・・・・・・・・・・・・・・・・・・・・・・ 134

tuberculosis［結核］／こぶ ・・・・・・・・・・・・・・・・・・・・・・・・・・・・・・ 136

コラム⑦ BCGの記憶 ・・・・・・・・・・・・・・・・・・・・・・・・・・・・・・・・・・ 138

hysteria［ヒステリー］／子宮 ・・・・・・・・・・・・・・・・・・・・・・・・・・・・ 140

cataract［白内障］／滝 ・・・・・・・・・・・・・・・・・・・・・・・・・・・・・・・・・ 141

smallpox［天然痘］／膿のある発疹 ・・・・・・・・・・・・・・・・・・・・・・・・ 142

コラム⑧ vaccine「ワクチン」の語源は「雌牛」 ・・・・・・・・・・・・・・ 144

Ⅳ 神話と神々の英語

ocean［海］／海神「オケアノス」 ・・・・・・・・・・・・・・・・・・・・・・・・・・ 148

aphrodisiac［媚薬］／愛と美の女神「アプロディテ」 ・・・・・・・・・・ 150

erotic［エロティック］／性愛の神「エロス」 ・・・・・・・・・・・・・・・・ 152

music［音楽］／学問・芸術の女神「ミューズ」 ・・・・・・・・・・・・・・・ 154

volcano［火山］／鍛冶の神「ウルカヌス」 ・・・・・・・・・・・・・・・・・・・ 156

Europe［ヨーロッパ］／フェニキア王の娘「エウロペ」 ・・・・・・・・・ 158

Nike［ナイキ］／勝利の女神「ニケ」 ・・・・・・・・・・・・・・・・・・・・・・・ 160

Achilles heel［アキレス腱］／アキレウス ・・・・・・・・・・・・・・・・・・ 162

Amazon［アマゾン］／乳房のない ・・・・・・・・・・・・・・・・・・・・・・・・・ 164

Rome［ローマ］／初代ローマ王「ロムルス」 ・・・・・・・・・・・・・・・・・ 166

March［3月］／戦いの神「マルス」・・・・・・・・・・・・・・・・・・・・・168
コラム⑨　神話の歴史 ・・・・・・・・・・・・・・・170
January［1月］／双面神「ヤヌス」・・・・・・・・・・・・・・・・・・172
cereal［シリアル］／豊穣の女神「ケレス」・・・・・・・・・・・・・・・・174

V　宇宙と星々の英語

cosmos［宇宙］／秩序 ・・・・・・・・・・・・・・・・・・・・・・・178
astrology［占星術］／星の言葉 ・・・・・・・・・・・・・・・・・・・180
コラム⑩　あなたの星座は何ですか？ ・・・・・・・・・・・・・・182
satellite［衛星］／貴族の「護衛」・・・・・・・・・・・・・・・・・・・184
comet［彗星］／長い髪の ・・・・・・・・・・・・・・・・・・・・・186
terra［地球］／大地の女神「テラ」・・・・・・・・・・・・・・・・・・188
コラム⑪　「月」にまつわる英語 ・・・・・・・・・・・・・・・・・190
Mercury［水星］／ローマ神話の「メルクリウス」・・・・・・・・・・・192
Venus［金星］／愛と美の女神「ウェヌス」・・・・・・・・・・・・・・194
Mars［火星］／戦いの神「マルス」・・・・・・・・・・・・・・・・・・196
Jupiter［木星］／最高神「ユピテル」・・・・・・・・・・・・・・・・・198
Saturn［土星］／農耕の神「サトゥルヌス」・・・・・・・・・・・・・・200
Uranus［天王星］／ギリシア神話の天空の神「ウラノス」・・・・・・・202
Neptune［海王星］／海神「ネプトゥヌス」・・・・・・・・・・・・・・204
Pluto［冥王星］／冥界の王「プルート」・・・・・・・・・・・・・・・・206

VI　おもしろい動植物の英語

canary［カナリア］／大西洋の「カナリア諸島」・・・・・・・・・・・210
kangaroo［カンガルー］／飛び跳ねるもの ・・・・・・・・・・・・・212
コラム⑫　pedigree「血統」はツルの脚 ・・・・・・・・・・・・・214
dandelion［タンポポ］／ライオンの歯 ・・・・・・・・・・・・・・・216
gorilla［ゴリラ］／西アフリカの「毛深い種族」・・・・・・・・・・・218
rhinoceros［サイ］／「鼻」と「角」・・・・・・・・・・・・・・・・・219
chameleon［カメレオン］／地表のライオン ・・・・・・・・・・・・220

VII　歴史が刻まれた英語

ostracize［追放する］／陶片・・・・・・・・・・・・・・・・・・・・・222

barbarian［未開人］／わからない言葉を話す人 ⋯⋯⋯⋯⋯⋯ 224

tragedy［悲劇］／ヤギの歌 ⋯⋯⋯⋯⋯⋯⋯⋯⋯⋯ 226

comedy［喜劇］／酒宴の歌 ⋯⋯⋯⋯⋯⋯⋯⋯⋯ 227

symposium［シンポジウム］／酒宴 ⋯⋯⋯⋯⋯⋯ 228

academic［学問的な］／アカデモスの森 ⋯⋯⋯⋯⋯ 230

senate［上院］／古代ローマの「元老院」 ⋯⋯⋯⋯ 232

dictator［独裁者］／古代ローマの「独裁官」 ⋯⋯⋯ 233

candidate［立候補者］／白い服を着た人 ⋯⋯⋯⋯ 234

album［アルバム］／古代ローマの「白い掲示板」 ⋯⋯ 235

client［顧客］／古代ローマの「従属平民」 ⋯⋯⋯⋯ 236

ambition［大志］／歩きまわること ⋯⋯⋯⋯⋯⋯ 238

limit［限界］／ローマ帝国の国境「リーメス」 ⋯⋯⋯ 239

ordeal［苦境］／神が裁く裁判 ⋯⋯⋯⋯⋯⋯⋯ 240

curfew［門限］／火に蓋をする ⋯⋯⋯⋯⋯⋯⋯ 242

コラム⑬　古戦場の名はBattle「バトル」⋯⋯⋯⋯⋯⋯ 244

assassin［暗殺者］／大麻を扱う者たち ⋯⋯⋯⋯⋯⋯ 246

blackmail［恐喝］／黒い牛で払う地代 ⋯⋯⋯⋯⋯ 248

tank［戦車］／水槽 ⋯⋯⋯⋯⋯⋯⋯⋯⋯⋯⋯⋯ 250

electricity［電気］／琥珀 ⋯⋯⋯⋯⋯⋯⋯⋯⋯⋯ 252

brainwashing［洗脳］／中国語の「洗脳」 ⋯⋯⋯⋯⋯ 254

あとがき ⋯⋯⋯⋯⋯⋯⋯⋯⋯⋯⋯⋯⋯⋯⋯⋯⋯ 256

Photo Index ⋯⋯⋯⋯⋯⋯⋯⋯⋯⋯⋯⋯⋯⋯⋯ 260

主要参考文献 ⋯⋯⋯⋯⋯⋯⋯⋯⋯⋯⋯⋯⋯⋯⋯ 263

英単語・英語表現 索引 ⋯⋯⋯⋯⋯⋯⋯⋯⋯⋯⋯ 266

装丁・本文デザイン・DTP　　　渓上敦司

編集協力　　　　　　　　　　株式会社ぷれす

校正　　　　　　　　　　　　山本映子／Jeff Clark

編集　　　　　　　　　　　　武田伊智朗（サンマーク出版）

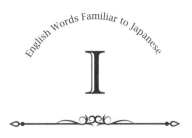

身近な英語のビックリ語源

ほとんど日本語と言っていいほど身近な英語があります。その中には現在の意味とはかけ離れた驚きの語源を持つものも少なくありません。

古代エジプトでクレオパトラのような高貴な女性がアイシャドーを塗るために使った「黒い粉」。さて、それはいまどんな英語になっているでしょうか？

映画「クレオパトラ」で主役を演じた
エリザベス・テーラー

curriculum
［カリキュラム］

古代の「戦車」

　日本の学校や塾など教育現場でよく使われる英語に curriculum「カリキュラム」があります。「履修課程」とか「全教科課程」という意味です。実はこの英語、古代の「戦車」からきているのです。戦車というと、第一次世界大戦で登場した分厚い鋼鉄の車体でキャタピラを回転させて進む tank「タンク」(p250) を思い浮かべますが、そうではありません。古代エジプトやギリシア、ローマ、中国でも使われた「戦闘用の馬車」のことで、英語では chariot「チャリオット」と言います。

　紀元前1286年頃にエジプトとヒッタイトの戦争がありました。「カデシュの戦い」と呼ばれ、大平原に双方合わせて数千の戦車が入り乱れて戦闘を繰り広げました。決着はつきませんでしたが、エジプトが終始有利に戦いを展開しました。エジプトの戦車には御者を含め2人だけが乗っていたのに対して、ヒッタイトの方は3人だったので、機動力に差があったのです。

　このように、ひと口に「戦闘用の馬車」と言っても、大きさも馬や車輪の数も千差万別でした。エジプトの遺跡で出土した紀元前14世紀の宝石箱には、ツタンカーメン王（前1370頃〜前1352）が1人乗りの戦車に乗って弓

戦車に乗って戦うツタンカーメン王
（エジプト考古学博物館蔵）

を射る姿も描かれています。

　この戦車を使った競走は、ギリシアで開催された古代オリンピックでもっとも注目を浴びる種目となり、古代ローマではお金を賭けるギャンブルになって人気が沸騰します。「戦車」はラテン語で*currus*「クッルス」と言いました。それがやがて競走用に軽量化され、より速く走れる馬車に改良されます。その**「小型戦車」のことを*curriculum*「クッリクルム」と呼びました。**日本語でもそうですが、ひとつの単語の意味がその周辺にまで広がることがあります。この言葉は、やがて「戦車の走るコース」も意味するようになります。戦車競走は西ローマ帝国の滅亡後も東ローマ帝国で続けられましたが、次第に人気が衰え、最後には行われなくなってしまいました。

　14世紀になってルネッサンスの時代が到来します。中世のキリスト教的な社会は生き方を含めたすべてのルールを教会が定めるような、とても堅苦しいものでした。伸び伸びした人間らしい生活はできませんし、心が自由でなければ芸術も発展しません。ルネッサンスは、そんなカチカチに凝り固まった社会や精神からの解放を求め、人間らしい生き方を追求しようとする文化・精神運動でした。古代ギリシアや古代ローマ時代を理想として、その文化や思想、芸術を学び取って蘇らそうと古典研究が盛んになります。

　スコットランドの大学では、カエサルやアウグストゥスが活躍した頃に使われていた「古典ラテン語」を教える学部が創設されました。その時に大学の教授陣が「学生を鍛え上げる研修コース」という意味で*curriculum*というラテン語を選びます。そして、そのままの綴りで「履修課程」という意味の英語になり、第二次世界大戦後に日本でも使われるようになったのです。

magazine

［雑誌］　　　　　　　　　　／倉庫

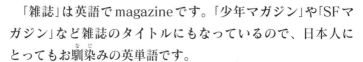

　「雑誌」は英語でmagazineです。「少年マガジン」や「SFマガジン」など雑誌のタイトルにもなっているので、日本人にとってもお馴染_{なじ}みの英単語です。

　それではperiodicalという単語を知っていますか？　英語の中級者以上が覚える単語でちょっと難しいのですが、「定期刊行物」という意味です。毎日発行の「日刊」がdaily、「週刊」はweekly、「月刊」がmonthlyです。1年に4回発行の「季刊」はquarterly、「年刊」はyearlyあるいはannualとなります。では日本語の"発音"は同じですが、「年鑑」は何と言うかご存じでしょうか？　これはyearbookあるいはalmanacと言います。

　ふだん何気なく使っているmagazineという単語ですが、実は最初から「雑誌」という意味だったわけではありませんでした。**アラビア語のḫazana「蓄える」から派生したmaḫāzin「倉庫」「貯蔵庫」からきているのです。**それがイタリア語のmagazzino、フランス語のmagasin＊などを経て英語になりました。

　最初は単に物を保管しておく場所・建物という意味だったのですが、次第に「弾薬や武器など軍需品の倉庫」というニュアンスが強くなりました。例えばpowder magazineと言えば「火薬庫」のことになります。powderは「粉」ですが、「火薬」という意味もあるのです。やがて自動小銃などに補充用の銃弾を装填しておく「弾倉」の意味になり、さらにカメラや映写機にフィルムを瞬時にはめ込む「カートリッジ」もmagazineと呼ばれるようになりました。

＊magasinには「倉庫」の他に「商店」という意味もあります。

「倉庫」という意味のmagazineに「雑誌」という新しい意味が加わったのは18世紀のことでした。1731年に"The Gentleman's Magazine"というタイトルの刊行物が発行されたのです。キャッチコピーは"A Monthly Collection to treasure up, as in a Magazine, the most remarkable Pieces"「もっとも注目すべき記事の数々を『倉庫』のように記憶にとどめる月刊コレクション」。興味深い物語や知識、情報などが数多く収載された刊行物を"知識の倉庫"になぞらえたのです。

発行人はエドワード・ケイヴという商売人でした。知識人が興味を持つような読み物を集めて定期的に発行したらおもしろいと考え、このアイディアをロンドンの出版社や書店などに売り込んだのですが、ことごとく断られてしまいます。しかたなく自分自身で発行したところ売れに売れて巨万の富を築きます。

この雑誌は1922年まで190年の間、一度も途切れることなく発行が続きました。サミュエル・ジョンソンという文学者もこの雑誌への寄稿がきっかけで世に出て、"文壇の大御所"と呼ばれるまでになったのです。

日本で初めて「雑誌」という言葉が使われたのは、1867（慶応3）年に洋学者の柳河春三が創刊した「西洋雑誌」。オランダの雑誌の翻訳版で、西洋事情や最先端の科学技術などを紹介したものでした。

"The Gentleman's Magazine" の創刊号

robot
［ロボット］

チェコ語の「苦役」

robotを英和辞典で引いてみると、まず「ロボット、人造人間」とあり、続いて「他人の意志のままに動く人」「型にはまった行動をする人」「仕事は正確でも他人の感情の機微がわからない人」という否定的な意味が続きます。

ですが何と言っても、ロボットは人類にとって未来への夢と希望の象徴です。私のような古い世代にとっては「鉄腕アトム」や「鉄人28号」、若い人にとってはAI（Artificial Intelligence）「人工知能」が搭載された二足歩行型の「アシモ」や人と会話ができる「ペッパー」、犬型の愛玩ロボット「アイボ」などがお馴染みでしょう。

人間や犬の形はしていませんが、多くの工場ではロボットが黙々と稼働しています。最近では「ルンバ」など円盤型のロボット掃除機も人気です。空を飛んで商品を配達するドローンも自動運転の車も少しすれば実用化されるかもしれません。これらもAIを搭載したロボットの一種です。でも、それに対応する法整備がうまく進むのでしょうか？　何か人間の知恵がロボットに試されているような気えしてきます。

このrobot「ロボット」という単語は、1920年にチェコの小説家Karel Čapek「カレル・チャペック」（1890〜1938）が発表した "R.U.R." (Rossum's Universal Robots)「ロッサム万能ロボット商会」という戯曲で初めて登場しました。翌年、ロンドンでこの芝居が上演されると大評判となり、**チェコ語で「苦役」「強制労働」を意味する**_robota_「ロボタ」から生まれた

robotという造語が世界中に広まることになります。

　劇中では、この会社が開発した“人造人間”は世界中に輸出されて、人に代わって多くの労働に使われるようになります。人間は働かなくても生きていけるようになったのです。でも、そのために本来持っていた能力の多くを失い、最後には全世界で子供がひとりも生まれなくなってしまいます。一方で、いろいろな知識と能力を身につけたロボットが反乱を起こし、人間を皆殺しにして世界はロボットが支配するようになる……という、そんなストーリーです。この戯曲本は、日本でも1923（大正12）年に『人造人間』（宇賀伊津緒訳）というタイトルで発行されています。

　最近「シンギュラリティ」という言葉をよく聞くようになりました。英語にすればsingularity、「技術的特異点」と訳されます。「AIが人間の知能を超える転換点」のことです。人工知能研究の世界的権威で、アメリカ屈指の発明家であり未来学者でもあるレイ・カーツワイル博士が提唱した概念で、AIが人の手を借りずに自ら学習を行うことで超高度化し、人類に代わって地球上の文明を発展させるようになる時点のことを言います。2045年頃にその時が到来するのではないかと予想されています。

　100年も前にロボットの人間への反逆のドラマを描いたチャペックは、シンギュラリティが現実味を帯びる現在をどう見るのでしょうか？

初めてrobotという言葉が登場した“R.U.R.”「ロッサム万能ロボット商会」のワンシーン

panic
［パニック］

ギリシア神話の牧神
「パン」

　ギリシア神話には*Pān*「パン」という牧畜の神が登場します。アルカディアという牧歌的な山岳地帯で生まれ、上半身は人間で頭には角を生やし、下半身はヤギで足には蹄がついていました。

　パンは野山を自由奔放に歩きまわり、疲れるとところかまわず昼寝をしたのです。ですが、いったん昼寝を邪魔されて機嫌をそこねたりすると怒り狂い、静寂だった田園は騒乱状態に陥りました。羊は狂ったようにてんでばらばらの方向に走り始め、人間もその突然の出来事に深い恐怖を覚えました。**「恐慌」「恐怖」という意味のpanicは、この「パン」からきています。牧畜の神が引き起こす狂乱状態、それが「パニック」だったのです。**

　英語で「パニックを引き起こす」はcause a panicとなります。また、「パニックに陥る」と言う場合、日本語からの直訳風にget into a panicでもいいのですが、panicは動詞としても使えます。例えばI always panic at the thought of taking the entrance exams.と言えば、「私は入学試験を受けることを考えると、いつもパニックになる」という意味になります。簡単で便利な表現ですので、ぜひ覚えておいてください。

　この神様、羊や牛馬の繁殖をつかさどっていた神でもあったために好色で、あちこちでセクハラ事件を起こしています。野山には美しい妖精たちがいました。パンはシュリンクスという妖精に一目惚れしてしまいます。シュリンクスは恐怖を

感じて逃げまわったのですが、とうとう川のほとりで追いつかれてしまいます。パンが手を伸ばしたその瞬間、シュリンクスは葦に姿を変えてしまったのです。風が葦の間を吹き抜け、悲しい笛のような音色を響かせました。パンはその葦の束で笛をつくり、肌身離さず持ち続けて鳴らすようになりました。

　もうひとりの被害者は、エコーという妖精でした。パンはエコーに求愛したのですが、拒絶されてしまいます。激怒したパンは、羊飼いたちを恐怖に陥れエコーを殺させてしまったのです。それ以来、パンが葦笛を吹くとどこからともなく、やまびこが聞こえてくるようになりました。英語で「こだま」を意味するecho「エコー」は、この悲しい妖精の名からきています。

　pan-には「全」「総」「汎」という意味もあります。Pan-Pacificは「汎太平洋の」、つまり「太平洋地域全体の」という意味ですし、pandemicと言えば「世界中で流行する感染症」のことです。そこからPānという神も「すべて」という意味合いで名づけられたものではないかという説もありますが、実はなんの関係もありません。でも、この"誤解"のお陰で、パンは偉大な神として多くの人々に崇拝されたのかもしれません。

ロンドン郊外のウィズリー・ガーデンに
立つ牧神パンの石像

gourmet
［グルメ］

ワイン商人の「従者」

　英語でgourmetと綴る「グルメ」は「美食家」「食通」という意味で日本語にもなっています。おいしい料理を出す店をよく知っていたり、料理についての深い知識があったりする人のことを「あの人はグルメだ」などと言います。

　gourmetはフランス語からきているので、最後のtは発音しません。発音をカタカナ表記すれば「グーメィ」＊となります。もともと貴族の家で下働きをする「少年」とか「馬屋番」のことを古フランス語でgrometと呼んでいました。成長して信頼を得るようになると「召使い」となり、重要な仕事も任せられるようになります。もっとも重要だったのが、料理に合うワインを選ぶことでした。

　やがてgrometは「ワイン商人の従者」という意味となりgourmetと変化しました。ワイン商人は現在でいえば「ソムリエ」のように、ワインの風味を知り尽くしている優れた鑑定士でなければなりませんでした。テイスティングをして、それぞれの顧客の好みに合ったワインを売り込んだのです。そんなワイン商人につき従って、各地を巡り歩いていたのがgourmetでした。

　常にワイン商人と一緒にいれば、どのワインがどんな料理に合うのか知っているのはもちろん、料理の味にも敏感で舌が肥えているに違いないと思われたのです。そこからgourmetが「食通」という意味になって、19世紀前半に英語に入ってきました。

＊bouquet「花束」も同じように最後のtは発音せず「ブーケィ」となります。

gag
[ギャグ]

さるぐつわ

　おもしろくもない駄洒落のことを「おやじギャグ」と言ったり、お笑い芸人の瞬間芸のことを「一発ギャグ」と呼んだりします。英語ではgagと綴ります。

　11世紀頃から15世紀頃まで使われた「中英語」で「息を詰まらせる」という意味のgaggenからきていて、首を絞められた時の擬声語がもとになっているとも言われます。**最初は「さるぐつわ」とか「口にものを詰め込んで黙らせる」という意味だった**のですが、そこから動詞で「発言を禁じる」「言論の自由を抑圧する」、名詞で「発言禁止」「言論抑圧」というふうに意味が広がりました。例えばgag the pressなら「出版の自由を抑圧する」という意味になります。

　近世になって、その単語にもうひとつの意味が加わります。それが演劇用語のgag「ギャグ」です。芝居の中で台本通りにセリフを言うのではなく、アドリブで滑稽なことを言ったり、話の筋から離れて即興の演技を行ったりすることです。

　もちろん原則として、役者は台本にないセリフを言うことは禁止されていました。でもセリフを忘れて頭の中が真っ白になった時など、このギャグで時間を稼いで思い出すこともあったのです。そんな最悪の状況から本来の芝居の筋に戻すのも役者の力量と考えられていて、観客の中には「今日はどんなgagが飛び出すのだろう」と楽しみにしていた人も多かったといいます。

frank
［ざっくばらんな］

中世フランク王国の「フランク人」

　5世紀から9世紀にかけて、西ヨーロッパに「フランク王国」という大国がありました。ライン川流域から移動してきたゲルマン民族の一派、フランク人が建てたキリスト教国家で、8世紀後半のカール大帝（742〜814）の時代に最盛期を迎えます。現在のフランスからドイツ、イタリア北部一帯を支配し、カール大帝はローマ教皇から西ローマ帝国皇帝の冠を授けられました。

　フランク王国は、もともとの住民のガリア人、侵入者のローマ人やフランク人以外のゲルマン人なども暮らす"多民族国家"でした。支配層のフランク人は荒々しく勇猛な部族として知られ、中央ヨーロッパから捕虜として連れてきたスラヴ人などを奴隷として使役し、自分たちは特権階級となったのです。

　ですから、このフランク王国では、フランク人だけが唯一の「自由民」として社会的、政治的な自由を享受していました。自分が思った通りに発言して行動することができた

アルブレヒト・デューラー画「カール大帝」（ゲルマン国立博物館蔵）

のです。**そこから古フランス語の*franc*が「自由な」という意味になり、英語でfrank「フランク」となりました。**「ざっくばらんな」という意味です。Tom is a frank guy. と言えば「トムはざっくばらんなやつだ」という意味になります。ちょっと違うニュアンスでは「率直な」「遠慮のない」「あからさまな」「歯に衣着せぬ」という意味もあります。To be frank with you, ... は「率直に言って」です。副詞のfranklyも同じ意味になります。

　私たちもふつうに「フランク」というカタカナ英語を使っています。もうほとんど日本語と言ってもいいかもしれませんが、中世ヨーロッパのフランク王国のフランク人に由来する言葉だと知っている人はあまりいないのではないでしょうか。

　国名のFrance「フランス」も、ユーロがヨーロッパの共通通貨となる前のフランス通貨franc「フラン」＊も、みんな語源はここにあります。ドイツの商業都市「フランクフルト」は正式名称をFrankfurt am Mainと言います。「マイン川沿いのフランクフルト」ということですが、Frankfurtはもともと「フランク人兵士が歩いて渡れる川の浅瀬」という意味だったのです。

　欧米人にはFrankという名前の人がたくさんいます。フランス系では男性はFrançois「フランソワ」、女性ならFrançoise「フランソワーズ」、イタリア系なら男性Francesco「フランチェスコ」、女性Francesca「フランチェスカ」、スペイン系なら男性Francisco「フランシスコ」、女性Francisca「フランシスカ」など、みんなfrankから変化して定着した名前なのです。

　権勢を誇ったフランク王国も9世紀に東と西と中部の3国に分割されます。やがて東フランク王国は神聖ローマ帝国などを経てドイツへ、西フランク王国はフランスへ、中部フランク王国はイタリアへと発展していくことになります。

＊フランス語では「フラン」ですが、英語では「フランク」と発音します。

denim
［デニム］

/ 南仏プロヴァンスの町
「ニーム」

　フランス南部にNîmes「ニーム」という町があります。郊外には古代ローマ時代につくられた「ポン・デュ・ガール」という水道橋が残り、町の中心には円形闘技場があります。アルルやアヴィニョンと並んでプロヴァンス地方の観光の目玉となっています。この町は昔から絹織物の産地として有名でした。やがて紺の縦糸に白い横糸を織り込んだ丈夫な綿布も生産され、フランス語でserge de Nîmes*「ニームの綾織」と呼ばれるようになりました。

　アメリカのゴールドラッシュの時代、サンフランシスコでリーヴァイ・ストラウスという仕立屋が馬車の幌やテント用のカンヴァス地で作業用ズボンをつくり販売したところ、丈夫で破れたり擦り切れたりしないと大評判になりました。やがてカンヴァス地の代わりに、ニーム産の厚くて柔らかい布地を大量に輸入して作業用のズボンを製造したのです。この時に**serge de Nîmesのserge**が省略されて、英語でdenim「デニム」となりました。

　このニーム産の生地は、イタリアの港町Genova「ジェノヴァ」からアメリカに輸出されていました。英語ではGenoa「ジェノア」と言いますが、中世にはフランス語でGênes「ジェーヌ」と呼ばれていました。そこから英語のjeans「ジーンズ」という単語ができたと言われています。いかにもアメリカっぽいdenimとjeansという言葉が、どちらもヨーロッパの町の名前からきているとは驚きです。

＊*serge*は「織物」、*de*は英語のofやfromに相当する前置詞で「セルジュ・ドゥ・ニーム」と発音します。

cashmere
[カシミア] ／ カシミール地方

　たった1枚ですが私は「カシミア」のセーターを持っています。毛糸が細くて軽いのですが、密度が高くてとても暖かで、着心地も良く肌触りも抜群です。

　ご存じの方も多いと思いますが、**この高級毛織物はインド北部の山岳地帯Kashmir「カシミール地方」からきています。**そこから中国北西部、ネパール、モンゴル、イランの山岳地帯にかけて生息するcashmere goat「カシミアヤギ」の毛で織られた毛織製品がcashmere「カシミア」です。「カシミヤ」とも言い、日本の消費者庁の家庭用品品質表示法の表記では「ヤ」の方を採用しています。

　このヤギは寒暖差の激しい過酷な環境で生きているため、毛は表面が粗くて長い剛毛に覆われていますが、内側には絹のような柔らかい下毛が密生しています。春の毛の生え変わりの時に、その内側の産毛を櫛で梳いたり、拾い上げたりするのに手間がかかり、セーターを1枚つくるのに4頭分の毛が必要と言われます。そのために生産量も少なく高価なことから「繊維の宝石」とも呼ばれています。

剛毛に覆われたカシミアヤギ

bikini
［ビキニ］

／ 原爆実験が行われた
「ビキニ環礁」

身近な英語のビックリ語源

　1946年、フランスのジャック・エイムというデザイナーが、女性の胸と腰だけを覆ったツーピースの水着をつくりatom「アトム」という名で売り出しました。「原子」という意味で、ギリシア語で「もうこれ以上分割できない」という意味のatomos「アトモス」に由来する英語です。ところがこの水着、肌の露出が多かったために女性たちから敬遠され、ほとんど評判になりませんでした。

　まさにこの年、アメリカが第二次世界大戦後初めての原爆実験を太平洋マーシャル諸島の「ビキニ環礁」で行いました。広島、長崎に原子爆弾が落とされてから、まだ1年もたっていません。新聞やラジオは、連日このニュースを大々的に報じました。原子爆弾の威力がどんどん増して軍拡競争がエスカレートしたら、人類が滅亡してしまうのではないか、そんな危機感が世界中に漂っていたのです。

　Louis Réard「ルイ・レアール」というフランス人がアトムをさらに小さくし、おへそまで露出した水着をつくったのは、

ビキニ環礁で行われた原爆実験

ちょうどそんな時でした。**この新しい水着の悩殺力を表すインパクトのある名前がないかと考えていた時に、ラジオから流れる原爆実験のニュースを聞いて**

ある名前を思いつきます。それがbikini「ビキニ」だったのです。

　レアールは新聞記者を招いて最新水着の発表会を開こうとします。ところが、この水着を着てくれるファッション・モデルがなかなか見つかりません。身体を覆う部分があまりにも少なかったので、みんな尻込みしてしまったのです。レアールはやむなくカジノ・ド・パリという劇場でヌード・ダンサーをしていたMicheline Bernardini「ミシュリーヌ・ベルナルディーニ」という19歳の女性をモデルとして雇います。

　この水着発表会の記事が写真入りで報道されると、まず男性たちの間で評判となり、ビキニは世界中で大ヒットすることになります。モデルのベルナルディーニのもとには5万通を超えるファンレターが舞い込みました。

　1960年代には、ビキニに続いてmonokini「モノキニ」という水着も発売されます。前から見るとワンピースになっていますが、後ろから見ると背中とヒップを覆う布が上下別々の「布1枚」の水着です。bikiniのbi-はtwoも意味しますが、mono-はoneのことで、例えばmonorail「モノレール」は「1本のレールの上を走る鉄道」のことです。

　やがて、モノキニはもうひとつ違うタイプの水着を指すようになります。バストの部分には何もつけず、腰だけを覆った「トップレス」です。これも布1枚のmonokiniなのです。

ビキニの発表会でモデルとなったミシュリーヌ・ベルナルディーニ

OKの語源いろいろ

　OKは世界中どこでも通用する代表的な英語です。言うまでもありませんが、「結構な」「大丈夫」「間違いない」「順調だ」「健康な」「申し分ない」など、状況に応じてさまざまな意味になります。でも、これだけ有名な言葉なのに、語源については多くの説が乱立していて、はっきりしたことはわかっていません。

　いちばん有名なのが、アメリカ合衆国第7代大統領のアンドリュー・ジャクソン(1767〜1845)がこの言葉の誕生に関わっているのではないかという説です。この大統領が書類を承認する時にAll Correct「すべて正しい」とするところを間違って"Oll Korrect"と綴り、それをOKと省略したというのです。

　ジャクソンは14歳で孤児となりますが、米英戦争が始まると大陸会議軍に加わり輝かしい軍歴を重ねて英雄となりました。その名声を背景に大統領に選ばれると、西部開拓を推し進め、すべての白人男性に選挙権を与えるなど民主主義政策を取ったため、Jacksonian democracy「ジャクソン民主主義」という言葉も誕生します。

　初等教育こそ受けていませんが、苦学して裁判官となりついには大統領にまで登りつめた人物です。そのようなミススペリングをすることは考えられません。ですから、処理の遅れた書類にOrder Received「順番通りに受け取った」の頭文

字としてORと書いたのをまわりの人がOKと読み間違えたのではないかとも言われています。

アンドリュー・ジャクソンの次の第8代大統領はマーティン・ヴァン・ビューレン(1782〜1862)。選挙地盤はニューヨーク州のOld Kinderhookという村でした。その頭文字からOK Clubという後援組織をつくり「OK」をスローガンにして大々的な選挙運動を行ったために、それが一般に広まったとも言われています。

またミシシッピー川下流地域に住んでいたネイティヴ・アメリカン、チョクトーのokeh「その通り」という言葉が広まったという説もあります。

カリブ海ハイチのAux Cayes「オーカイ」という港町が語源だとする言語学者もいます。ここでつくられるラム酒があまりにもおいしかったために、船乗りたちが「オーカイのラム酒さえ飲んでいれば万事順調さ」の意味で「OK」と言ったのだそうです。これはアメリカの高名な言語学者チャールズ・ベルリッツ(1914〜2003)の説ですので、無碍に否定することはできません。

OKは使い勝手が良くて便利な言葉ですが、その反面とっても曖昧です。アメリカ人の友人がオーストラリアに行って、シドニーのカフェでコーヒーを飲んでいた時に、店の人に"Would you like more coffee?"「コーヒーのお替わりはいかがですか?」と聞かれ、「もう結構です」という意味で"I'm OK."と答えたら、コーヒーを注いでくれたといいます。

camera
［カメラ］

丸天井

　イギリスのオクスフォードにRadcliffe Camera「ラドクリフ・カメラ」という丸天井の建物があります。18世紀に建てられ、長い間オクスフォード大学の図書館として使われていましたが、いまは閲覧室となっています。1階のホールの中央に階段があり、昇ると丸屋根の外側に出ます。まわりをぐるりと1周する狭い通路があり、そこからはオクスフォードの町が一望できます。

　「ラドクリフ」はJohn Radcliffe「ジョン・ラドクリフ」という医師の名前からきています。彼は新しい大学図書館の建設を計画したのですが、すぐに亡くなってしまいます。しかし、最終的には彼の遺産を使って建設が進められ1748年に無事完成したのです。

　ではcamera「カメラ」とは何でしょうか？　もともとギリシア語で「丸天井」「丸屋根」のことを*kamarā*「カマラー」と言いました。それが「丸天井の建物」となり、ラテン語で「部屋」とか「箱」という意味に変化しました。

　真っ暗な部屋の壁に小さな穴を開けると、向かい側の壁に外の景色が映し出されることは、紀元前の昔から知られていました。上下は逆さまになりますが、絵の下絵を描くなどの目的で使

オクスフォードの丸天井の建物「ラドクリフ・カメラ」

われるようになります。

　15世紀には、この原理を応用した*camera obscūra*「カメラ・オプスクーラ」という装置が発明されます。ラテン語で「暗い部屋」という意味ですが、中を暗くした「箱」のことで日本語では「暗箱」と言います。ひとつの面に凸レンズを取りつけて、外の物体をガラス板や白い紙に映し出すものでした。17世紀のオランダの画家ヨハネス・フェルメール（1632～1675）も、この装置でトレースして人物や背景の輪郭と細部を描いたのではないかという説もあるのです。

　1824年、フランスのニセフォール・ニエプス（1765～1833）という発明家が、8時間もかかってカメラ・オプスクーラに投影された画像を板に定着させることに成功し、1839年には同じくフランスの写真家ルイ・ダゲール（1789～1851）が銀メッキした銅板を感光させるという技術を完成させました。1841年にはネガフィルムも開発され、焼き増しもできるようになったのです。

　その後、暗箱もだんだんコンパクトになり、さまざまに改良されるうちに*camera obscūra*から*obscūra*が取れて、camera「カメラ」という英語になりました。

　いまではスマホで簡単に写真が撮れ、そのままデータが保存され即座に送信もできます。写真の色調補正も思いのままです。何という凄（すさ）まじい進歩なのでしょうか。

「カメラ・オプスクーラ」の仕組みを
解説した挿絵（19世紀の辞典より）

focus

［焦点］

／暖炉

focusという英単語があります。この単語にはいろいろな意味がありますが、すぐに思いつくのが「焦点」「中心」、あるいは「写真のピント」です。この単語も語源をたどっていくと、もとの意味は現在とはまるっきり違っていました。

ラテン語のfocus「フォクス」は何と「暖炉」、つまり家の中心にあって家族みんなが暖を取るための「火」のことだったのです。そこからイタリア語で「火」を意味するfuoco、スペイン語のfuego、フランス語のfeuとなりました。

このfocusという言葉は、ドイツの天文学者ヨハネス・ケプラー（1571～1630）が1604年に執筆した著書に幾何学の「焦点」という意味で初めて登場します。さらに天文学用語としてもfocusが使われます。ケプラーが唱えた「ケプラーの法則」は「惑星は太陽をひとつの"焦点"とする楕円軌道を描く」というもので、それがニコラウス・コペルニクス（1473～1543）の地動説の優位性を決定づけたのです。ケプラーは家の中心にあって家族が集まる「暖炉」の連想からラテン語のfocusを「焦点」の意味で使ったとされています。

私たちがよく知っている「焦点」がもうひとつあります。子供の頃に太陽の光を虫メガネのレンズを通して黒い紙に当てると、1か所に光が集

ヨハネス・ケプラーの肖像画

まり燃え始めるという遊びをしたことはありませんか？　理科の時間にやったという人もいるかもしれません。光が集まって温度が高くなる点もfocus「焦点」です。ですから、日本語では昔は「焼点」とも書きました。これも、やはり家の中心にあった暖炉の「火」を連想させる言葉です。

　カメラの「ピント」もfocusです。「この写真はピントが合っている」はThe picture is in focus.ですし、「ピントが合っていない」「ピントが甘い」「ピンボケ」ならout of focusとなります。ちなみに、この「ピント」という言葉は、もともとオランダ語のbrandpunt「ブランドプント」を短くしたものです。brand- が「燃える」、-punt が「点」ですから、これも「焼点」という意味だったのです。

　18世紀の終わりに、focusに社会的な興味の「中心」という意味が加わりました。The singer is the focus of our attention.と言ったら、「あの歌手はわれわれの注目の的だ」という意味になります。focusは動詞で、精神を「集中させる」という意味でもよく使われます。He focused his attention on his work.は「彼は仕事に注意を集中していた」という意味ですし、「私は本を書くことに集中している」ならI am focusing on writing the book.となります。前置詞のonがくることを忘れないようにしてください。

　このfocusのようにラテン語に由来する学術用語が多いのは、当時の科学者がラテン語で本や論文を書いていたからです。ラテン語は全ヨーロッパで通用する共通語でしたし、大学ではラテン語で授業をしていました。現在の日本でも、研究者は論文を英語で書かないと世界で通用しません。それと同じだったのです。

013
sirloin
［サーロイン］

フランス語の「腰の上の肉」

　昔のヨーロッパで王や領主のために命をかけて戦った「騎士」のことを英語でknight「ナイト」と言います。「馬に乗って戦う兵士」のことでcavalierとも言いますが、これはラテン語の*caballus*「馬」からきています。

　やがてknight「ナイト」は貴族に次ぐ爵位となります。一代限りで家柄に関係なく王が功績を認めれば授けることができました。knightになった者はSirという称号で呼ばれます。おもしろいのはSirの後にはlast name（苗字）ではなくfirst name（名前）がくることです。元ビートルズのPaul McCartney「ポール・マッカートニー」はknightの称号を授けられていますが、Sir McCartneyではなくSir Paulと呼ばれています。

　「サーロイン」という肉があります。英語ではsirloinと綴ります。牛の背中の肉で、やわらかくていちばんおいしい部位だとされています。**これはフランス語で「腰の上」という意味のsurlongeからきています。**sur-「上に」と-longe「腰」「腰肉」が結合した言葉で、フランス語の発音をカタカナで表すのは難しいのですが「スュルロンジュ」となります。ところが、このフランス語を英語にする時にsurをsirと間違えたといいます。つまりミススペリングだったということです。

　もうひとつ驚くべき珍説があります。16世紀の初めイングランドのヘンリー8世＊（1491～1547）という王が、牛肉のこの部分を食べた時にあまりのおいしさに感激し、肉に「ナイト」の称号を与えてSir Loinと呼んだというのです。

＊自分が離婚したいがために、ローマ・カトリック教会から離脱して「英国国教会」をつくってしまった暴君です。

freelance
[フリーランス]

傭兵
（ようへい）

　特定の組織・団体に属さず、自分の能力や技術を使って自由な立場で仕事をしている人のことを「フリーランス」と言います。ジャーナリストやカメラマン、イラストレーター、近頃ではエンジニアやプログラマー、ブロガーなどがいます。いまの子供がいちばんなりたい職業はYouTuberだそうですが、これなどもフリーランスの最たるものでしょう。

　英語ではfreelance「フリーランス」となります。freeはもちろん「自由」ですが、lanceは「槍（やり）」という意味です。このlanceには「槍を持った兵士」という意味もあり、ちょっと難しい言葉ですが「槍騎兵（そうきへい）」と言います。昔は兵士が馬に乗って槍で相手と戦ったのです。

　中世においては、騎士のほとんどは王に帰属する家来で、国家に忠誠を尽くして戦うのがふつうでした。しかし、中にはどの国にも属さず、戦争のたびに高い報酬を払ってくれる主人に雇われて戦った腕自慢の兵士がいたのです。

　そんな兵士のことを「自由な槍騎兵」という意味で、freelanceとかfreelancerと呼ぶようになりました。「傭兵、雇い兵」のことです。この場合のfreeはもちろん「無料」「ただ」ということではなく「拘束されない、自由な」という意味です。

　この言葉が「組織に属さず働く人」という意味で使われるようになったのは、1860年代のことでした。

travel
［旅行］ / 拷問

　「旅行」「旅する」という意味の英単語をいくつ思い出しますか？　tripは「小旅行」、麻薬で陶酔状態になる場合にも使われます。tourは視察や観光などの「周遊旅行」。journeyは旅行の行程や中身に力点が置かれた単語で、sentimental journeyと言ったら「感傷旅行」です。voyageはもともとフランス語で「船や飛行機を使った長旅」から「宇宙旅行」までを意味し「長期の探検の旅」というニュアンスです。

　そして「旅行」と言えば真っ先に思い浮かぶのがtravel。**「長距離の旅行」**や**「海外旅行」**のことを言いますが、**これがラテン語で「拷問」とか「拷問器具」という意味の*tripālium*「トリパーリウム」という語からきている**と言ったら、にわかには信じられないでしょう。*tri-* は「3」、*-pālium* は「杭（くい）があるもの」とい

身近な英語のビックリ語源

う意味です。3本の杭の中央部分を固定し放射状にして、罪人や奴隷の胴体と手と足をくくりつけ、火あぶりにしたり痛めつけたりしたのです。

　この拷問器具の名前が、古フランス語の*travailler*「苦痛を与える」を経て、「過酷な労働をする」、そして「苦労して旅をする」という意味になりました。それが英語に入ってきてtravel「旅行」「旅する」となった

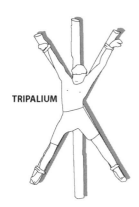

TRIPALIUM

拷問器具「トリパーリウム」を描いたイラスト

のです。確かに大昔に旅をすることは、現代人の想像を絶するほど大変なことだったのでしょう。深い森の中で道に迷い何日もさまよい歩くこともあったでしょうし、山賊や追いはぎに襲われる可能性もあったでしょう。凶暴な動物が潜んでいたかもしれません。船に乗っても、いつ嵐が来て沈没して命を落とすかわかりません。旅は常に危険と隣り合わせだったのです。

でも、現在の英語のtravelでは「苦痛」というニュアンスが消えて、むしろ楽しんで「旅をする」という意味合いになっています。

travelと共通の語源を持つ英単語にtravailがあります。「苦痛」「骨折り」「労作」ということですが、何と「陣痛、産みの苦しみ」という意味もあるのです。woman in travailと言ったら「産気づいた女性」ということになります。travelからは消えてしまった「苦痛」の痕跡が、このtravailの方には残っているのです。

travelとtravailの語源となった古フランス語の*travailler*ですが、これはそのままの綴りで現在のフランス語で「働く、仕事をする」「勉強をする」という意味で使われています。でも「旅」というニュアンスはありません。フランス語には「旅」という意味で*voyage*という存在感のある単語があったので、意味が広がらなかったのではないかとも言われています。

このフランス語*travailler*の名詞形が*travail*です。英語のtravailと全く同じ綴りですが、「労働」「勉強」さらには「働き口」という意味になります。日本で発行されていた求人情報誌で、現在はWEBに媒体を移した雑誌「とらばーゆ」はここからきているのです。以前よく「転職する」ことを「とらばーゆする」と言いましたが、いまではもう誰も使わなくなっています。

一夜にして英語になった
quiz「クイズ」

　「問題を出して相手に答えさせる遊び」のことを「クイズ」と言います。英語ではquizです。私が英語のクイズの中でいちばん覚えているのが"What is the longest English word?"という問題です。はて「もっとも長い英単語」とは何でしょうか？　答えは"smiles"です。動詞のsmile「微笑む」に三単現のsがついたもの、あるいは名詞smile「微笑み」の複数形のsmilesです。「sとsの間にmile（マイル）がある」ということです。1マイルは約1600mですから確かに長いです。有名な「なぞなぞ」なので、知っていた人もいるかもしれません。

　アメリカやカナダの学校では、どの程度の知識が身についたのかを確認するための「小テスト」もquizと言います。「抜き打ちテスト」はpop quizという俗語で呼ばれています。popとは「パンと鳴る」とか、人などが「急に現れる」という自動詞ですが、形容詞で「不意打ちの」という意味もあるのです。

　quizという英単語が誕生した経緯については、おもしろい話が伝わっています。1780年にダブリンのJames Dalyという劇場支配人が酒に酔って「誰も知らなくて意味のない新語を24時間以内に世間に通用させることができるか？」という賭けをしたのです。彼は大勢の子供を集めてお金とチョークを渡し「夜のうちに街中のすべての壁に"QUIZ"という4文字を

書きつけるように」と言いつけました。

　翌日、人々は街のあちこちに書かれたQUIZという文字を見て「これは何だろう？」と話し合います。この謎が市民たちの興味を掻き立てて大騒ぎとなり、この男は賭けに勝ったのです。こうしてquizは「冗談」「冷やかし」「からかう」「じろじろ見る」といった意味になり、やがて現在のような「問題を出す遊び」「なぞなぞ」になったとされています。

　この話は名の知れた辞書なら、どれにも書かれている定番の解説です。ですが、必ず最後に「この説は疑わしい」とか「信憑性は低い」などと明記されているのです。だったら書かなければいいと思うのですが、あまりにもおもしろい話なので辞書の執筆者もついつい紹介したくなるのでしょう。

　"信憑性のある"quizの語源としては、ラテン語で「何？」や「誰？」という意味の*quis*「クイス」に由来するとか、英語のinquisitive「質問好きな」「詮索好きな」やinquisition「取り調べ、尋問」という単語の中の"quis"から生まれたのではないかとする説があります。

　quizが活字として最初に世に出たのは、1782年にFanny Burney（別名Madame D'Arblay）という作家が書いた日記においてで、「風変わりな人」という意味で使われました。「オクスフォード英語辞典」には、1843年に「問い合わせ」「質問すること」という意味で初めて登場しています。

gym
［ジム］

裸の

　gym「ジム」に通って身体を鍛えているという方もいらっしゃるでしょう。私も若い頃はかなりハードなトレーニングをしていたのですが、最近ではもっぱら健康維持とアンチエージングのために、ストレッチや軽めの筋トレ、水中ウォーキングなどをしています。

　このgymという英語はgymnasium＊の短縮形で、「体育館」とか「室内競技場」という意味です。ところが**語源をたどっていくと、古代ギリシア語のgumnos「裸の」に行きつきます。**

　ギリシア発祥の古代オリンピックには、短距離走や中・長距離走、円盤投げ、槍投げ、走り高跳び、レスリング、ボクシングなどいろいろな競技がありましたが、みな全裸で競っていました。その理由は、腰につけていた「ゾマ」という褌（ふんどし）がもつれて命を落とした競技者がいたからとか、衣類を脱いで身軽にしたら優勝したので、みんなそれを真似（まね）るようになったからなどと言われています。でも元来オリンピックは神々に男性の肉体の美しさを披露する祭典でもあったのです。唯一の例外は「戦車競走」、つまり「戦闘用馬車のレース」でした。騎手が馬車から落ちて大怪我（けが）をしたり死んだりすることもあり、この種目だけは服を着ることになっていました。

　古代ギリシアでは、青年たちが集まって運動する「鍛練所」をgumnasion「ギュムナシオン」と言いました。これはgumnazein「裸で身体を鍛える」という動詞からきています。青年たちは文字通り“裸の体育館”で身体を鍛え、それが終わ

＊複数形はgymnasiumsの他にgymnasiaもあります。

ると浴場で身体を清めた後、ゆっくり休息しました。

　やがてこの"鍛練所"には、哲学や道徳、倫理などの教育を授ける「学校」も併設されます。高名な哲学者や雄弁家が講義をし、学問に興味を持つ一般の人々も集まって議論なども盛んに行われるアカデミックな場になったのです。

　この*gumnasion*はラテン語で*gymnasium*「ギュムナシウム」となりました。現在のドイツでは、大学進学を前提とした9年制の中等学校のことを*Gymnasium*「ギュムナージウム」と言いますが、格調高いラテン語がそのまま使われているのです。

　英語のgym「ジム」と関連する単語には、「体操選手」「体育教師」という意味のgymnastや「体操の、体育の」「精神鍛練の、知的訓練の」という形容詞のgymnasticなどがあります。みんなgymn-から始まっています。

　他にgymn-で始まる英単語には「裸」という意味が込められているものがあります。ギリシア語の*gumnos*「裸の」の痕跡が残っているからです。gymnosophistという単語はあまり一般的ではありませんが、「裸体主義者」ということです。禁欲的な修行に明け暮れ、服もほとんど身に着けなかったというヒンズー教の「裸行者」を意味します。

　gymnospermと言えばマツやイチョウなどの「裸子植物」。種子がむき出しになっているからです。「電気うなぎ」もgymnotusと言います。その名の通りelectric eelとも言いますが、背びれがなく裸も同然だったことから、ギリシア語の*gumnos*「裸の」と*nōton*「背中」が合わさって、こんな英語が出来上がったのです。

alcohol
［アルコール］

黒い粉

　私たちにとって、alcohol「アルコール」とはワインやビールや日本酒などのお酒類のことです。**これはアラビア語のal-kuḥl「アル・クフル」からきています。al-＊は定冠詞、英語のtheに相当しますが、kuḥlとは「黒くて細かい粉」のことだったのです。**

　古代エジプトでは、アンチモン（輝安鉱）という光沢のある黒い石を細かく砕いて粉末にし、裕福な女性たちが眉毛を濃くしたり、アイシャドーを塗ったりアイラインを引いたりするために使っていました。つまり化粧品だったのです。

　そのal-kuḥlが中世ラテン語やフランス語のalcoholを経て英語になったのですが、ここで少し意味が変わってきます。錬金術の技術を使って、鉱石の粉末から余計な物質を取り除いて純度の高いものにしていきました。そのためにalcoholが「物質の純粋な形」、つまり「エッセンス」「エキス」という意味に変化したのです。

　18世紀に入って、この言葉が酒にも使われるようになります。ブドウの実を樽に詰めて糖分を発酵させ、濾過して不純物を取り除いたのがワインです。その「エキス」のことをalcohol of wineと言うようになります。こうして飲む人を酩酊状態にして良い気分にさせる「液体」のことも、広く一般的にalcoholと呼ぶようになったのです。

身近な英語のビックリ語源

＊alkali「アルカリ」の"kali"は「（ある種の）植物を燃やした灰」、algebra「代数学」の"gebra"は「（欠けたものを補い）元通りにする」という意味です。

shampoo
［シャンプー］

押せ！

　「シャンプー」と言えば、頭の髪の毛を洗う洗剤、つまり「洗髪剤」のことです。英語のshampooが日本に入ってきてそのまま使われています。私は長い間、アメリカかイギリスの石鹸会社が考えた商品名で、それが一般的な名詞となって使われているのだと思い込んでいました。一度聞いたらなかなか忘れないキャッチーなネーミングで、赤ちゃんでもすぐに覚えられそうな名前です。

　しかし、そうではありませんでした。**この英単語はヒンディー語の「押す」という動詞 *chāmpnā* の命令形の *chāmpō* からきています。つまり「押せ！」という意味だったのです。**昔、インドでは権力者や富豪が熱い風呂に浸かった後、召使いに手脚や身体の筋肉や筋を指で押したり揉んだりさせて凝りや疲れを取る習慣があり、そんな身体のケアのことを *chāmpō* と呼んでいました。つまり「マッサージ」のことです。それがインドを支配していたイギリス人の言葉、つまり英語でshampooとなったのです。

　そのうちに香料や薬草を使って頭部を揉んで、頭皮や髪の毛をケアすることもshampooと呼ばれるようになりました。18世紀になって、この「頭部マッサージ」がヨーロッパに伝わって大人気となったのです。

　そして19世紀に入り、shampooという言葉が「髪の毛を洗う」、あるいは「洗髪剤」という意味になり世界中に広まることになります。

019
umpire
［審判］

／ 同等ではない人

　英文法の基本中の基本ですが、「私は本を1冊持っています」は I have a book. です。「リンゴを1個持っています」は I have an apple. となります。中学校では「単数の名詞の前には、ひとつのという意味の a をつけますが、名詞が a、i、u、e、o などの母音で始まる場合だけは、例外的に an にする」と習ったと思います。

　厳密に言えば、これはちょっと違うのです。英文法を説明する時、現在の英語という観点で考えるか、過去の英語の歴史の流れを見るかでまるっきり変わってくることがあります。この a や an のことを文法用語で「不定冠詞」と言いますが、実はもともと名詞の前で「ひとつの」を表す不定冠詞はすべて an でした。an は one が崩れた形だったのです。

　ところが、すべてを an にしてしまうと、次に続く名詞が子音で始まる場合、発音しにくくなります。「アイ・ハヴ・アン・ブック」と英語風に発音してみてください。「アン」の「ン」の音が次の「ブ」と重なることで、弱くなったり消えてしまったりしませんか？　そのような経緯で、子音の前では例外的に a が使われるようになりました。

　ところが母音で始まる名詞より子音から始まるものの方がはるかに多いのです。「数の多い方がふつう」で「少ない方が例外」ということになり、「母音で始まる名詞の前では例外的に an がくる」と説明するようになったのです。

　実は不定冠詞の a と an によって単語自体が変わってしまっ

たことがあります。それがumpire「審判」「アンパイア」です。これはもともとnon「否」＋peer「同等の地位の人、同輩」からなり、裁判などでもめていて仲裁者の間でも意見が一致しない時に、"同等でない"高い立場から判断する裁定者のことでした。ですから古英語では*noumpere*と綴り、その後*numpire*と変化しました。ところが不定冠詞をつけて"a *numpire*"と言っているうちに、aと最初のnがくっついてan umpireとなってしまい、単語から最初のnが消えてしまったのです。そのumpireという単語が、スポーツの「審判」という意味で使われ始めたのは18世紀初頭のことでした。

　anのせいで、変化してしまった単語は他にもあります。日本語にもなっていますが、apron「エプロン」＊です。ちょっと古い日本語なら「前掛け」ですが、この単語ももともとは*napron*でした。不定冠詞のaをつけて、"a *napron*"と言っているうちに、an apronと誤解する人が増えてapronになってしまったのです。

　*nape*は古英語では「テーブルクロス」のことでした。napkin「ナプキン」は日本語にもなっていますが、英和辞典を引くと「小さなタオル」「ハンカチ」「ネッカチーフ」とあります。*napron*も同じ語源を持つ言葉で、もともと「布」を意味していたことがわかります。

　まだまだあります。一般的な単語ではありませんが、「毒蛇」のことをadderと言います。これももともと*nadder*でした。「螺旋状のキリ」もaugerと言いますが、本来*nauger*だったのです。こんなふうに、さまざまな要因で単語や文法が変化して、現在の英語は出来上がったのです。

＊英語では「エィプロン」と発音します。

英語の歴史

　現在イギリスのあるブリテン島には、もともとケルト系のブリトン人という人々が住み「ケルト語」という言葉を話していました。そこにドイツの方からゲルマン民族の一派アングロ・サクソン人が侵入して、主要部の支配権を奪ってしまいます。

　彼らが話していたのが、いまの英語の祖先とも言うべきOld English「古英語」でした。ゲルマン語の一方言で「アングロ・サクソン語」とも呼ばれ、5世紀頃から11世紀頃まで使われていました。8世紀後半頃からは、これも北方のゲルマン人であるヴァイキングが侵入し定住を始め、古英語はその影響も受けることになります。knifeなど「無音のk」のある単語はヴァイキングによってもたらされたものです。

　1066年、北フランス・ノルマンディ公国の王ギヨーム（1027〜1087）が多くの兵士や武器、騎馬とともに海を渡ってブリテン島に上陸し、イングランド軍を破ってしまいます。ギヨームはブリテン島で「ウィリアム1世」として即位し、現在のイギリス王室の開祖となります。イングランドでは王だけでなく貴族や聖職者もノルマン人が取って代わり、大商人や高級職人なども大陸から渡ってきました。こうして支配階級がフランス語を、農民などの庶民が英語を話す“二重言語の国”となってしまいました。この出来事は「ノルマン・コンクエス

ト」（ノルマンの征服）と呼ばれますが、その時から15世紀頃まで使われたフランス語の影響を強く受けた英語をMiddle English「中英語」と呼んでいます。

　ルネッサンス期には、古代ギリシアや古代ローマの文学や思想を学び直そうとする機運が高まって古典研究が盛んになり、多くのギリシア語やラテン語由来の単語が英語に入ってきます。時を同じくしてマルティン・ルターによる宗教改革も始まり、聖書がドイツ語に翻訳されます。グーテンベルクの活版印刷技術の改良により大量部数が発行され、広く一般庶民にも普及します。印刷技術が発展すると、それまで曖昧だった綴りや英文法に一定の秩序が必要となり、サミュエル・ジョンソンが『英語辞典』を編纂します。

　1492年にコロンブスが新大陸に到達すると、イングランドはアメリカに植民地をつくり、そこでも英語が使われるようになります。イングランド国内のルネッサンスはイタリアより遅れて16世紀後半に演劇と文学で花開きます。代表的な作家がウィリアム・シェークスピア、3000にも及ぶ新しい単語や表現をつくり出しました。18世紀後半になると産業革命によって新しい技術用語がどんどん誕生します。このようにルネッサンス期から近代にかけての激動の時代の中で発展した英語がModern English「近代英語」です。

　そして20世紀に入ってからの英語はPresent-day English「現代英語」と呼ばれ、いまにいたっているのです。

lounge
［ラウンジ］

ローマ軍の隊長
「ロンギヌス」

　イエス・キリストが十字架に架けられて処刑されたのは紀元後30年の頃。ローマ帝国の属州イスラエルでのことでした。『新約聖書』に描かれているこの話は、歴史の専門家の間ではおそらく史実だったのではないかとされています。

　十字架に架けられたキリストの生死を確かめるため脇腹に槍を突き刺して確認したのは、ローマ軍の*Longīnus*「ロンギヌス」という「百人隊」＊の隊長でした。ここから「ロンギヌスの槍」という言葉が生まれ、キリスト受難の象徴となっているのですが、反対に"神聖なる槍"として崇拝の対象ともなっています。

　この*Longīnus*という隊長の名前が、ホテルや空港のlounge「ラウンジ」の語源だと言うと、きっとみなさん驚かれるでしょう。キリストが架けられた十字架の周囲で、兵隊たちは慌ただしく動きまわっていました。中にはキリストの着ていた服を誰がもらうかで賭けをしている者もいました。当時、衣服はとても高価で貴重なものだったからです。

　そんな中でも、隊長のロンギヌスだけは沈着冷静で、十字架の下でゆったり

身近な英語のビックリ語源

アンジェリコが描いたテンペラ画「キリストの磔刑」。キリストを槍で刺しているのがロンギヌス（サン・マルコ国立美術館蔵）

＊古代ローマ時代に約100人単位で構成された軍隊組織。ラテン語では*Centuria*「ケントゥリア」と言いました。

腰を降ろしていました。**そのエピソードから、_Longīnus_の名前が古フランス語で「のろま」「怠け者」という意味の_longis_となり、16世紀に英語に取り入れられてloungeという単語になったのです。**

　lounge「ラウンジ」は、もちろんホテルや空港などの「休憩スペース」のことですが、動詞では「のんびり時間を過ごす」という意味になります。lounge aroundなら「ぶらぶらする」、さらには「もたれかかる」という意味もあってlounge in a chairと言えば「椅子にゆったりと腰をかける」ということになります。

　ロンギヌスは、後に何とキリスト教の洗礼を受けます。キリストの脇腹を刺した時に出た血が槍をつたって流れ落ちて目に入り、白内障で失明寸前だったロンギヌスの視力が回復したからです。その後も奇跡を何度も目の当たりにして、信仰心はどんどん強くなっていきました。捕えられて改宗するように迫られましたが、断固拒絶して斬首刑となったと伝えられています。

　313年、ローマ皇帝コンスタンティヌスが「ミラノの勅令」を発してキリスト教を公認します。392年には皇帝テオドシウスがキリスト教をローマの国教と定めました。

　そしていま、十字架のキリストの脇腹を刺したロンギヌスは、聖人としてキリスト教徒から崇拝され、ヴァチカンのサン・ピエトロ大聖堂に槍を持った像が堂々と立っているのです。

聖ロンギヌスの像
（サン・ピエトロ大聖堂）

alphabet
[アルファベット]

ギリシア文字の「アルファ」と「ベータ」

古代エジプトでは約800の「象形文字」が使われていたと言われています。「ヒエログリフ」と呼ばれ、19世紀にフランス人のシャンポリオンという考古学者が解読するまでは理解不能な文字でした。古代エジプトでも理解できたのは一握りの特権階級だけで、庶民にはチンプンカンプンだったといいます。文字が読めなければ、新しい情報や知識を得ることはできません。民衆が一致団結して支配者に反旗を翻すことも難しくなります。王侯貴族は文字を支配することで民衆を支配していたのです。

やがて新しいタイプの文字が発明されます。フェニキア人がつくった「フェニキア文字」です。ひとつの文字がひとつの音を表す「表音文字」で、たった22文字の組み合わせによっていろんな言葉を表現することができました。

フェニキア人とは中東の地中海沿岸を拠点に、アフリカ北部やヨーロッパに進出して、地中海貿易を一手に担う商人たちでした。他の民族の人たちと取引をするためには、誰にでもすぐに正確に理解できる記録方法が必要になります。商品の数や値段などの条件をお互いの記憶に頼っていては商売は成り立ちません。

やがて古代ギリシア人がそのフェニキア文字を導入します。**英語のalphabet「アルファベット」とは読んで字のごとく、ギリシア文字の最初の2字の「α」(アルファ)と「β」(ベータ)が結合したものです。**古代ギリシア語では*alphabētos*と言いました。それがラテン語の*alphabētum*を経て英語になります。

alphabetは、もちろんAからZまでの26文字のことですが、「初歩」「基礎知識」という意味にもなり、例えばNowadays, when it comes to mathematics, college freshmen don't even know the alphabet. と言ったら、「最近の大学1年生は数学の基礎知識も持っていない」ということになります。

　もちろん、日本語でも初歩的知識のことを「いろは」と言うのと同じように、英語でもABCと言います。「彼はもう一度、車の運転の仕方を基礎から学ぶ必要がある」と言いたいならHe has to learn how to drive again, starting with the ABCs. となります。

　A to ZあるいはABC and XYZという表現もよく使われます。ある分野の「基礎から応用までのすべて」という意味で、しばしば教則本のタイトルに用いられるフレーズです。

　英語圏の子供の中には、アルファベットの文字と単語をうまく結びつけることができず、初歩の段階でつまずく子がいると言われます。日本語なら、子供が「あいうえお」を覚えれば「あお」という言葉と意味がいっぺんに学べます。「かきくけこ」までなら「あか」もそのまま覚えられ、そのようにして日本語をどんどん頭に入れていくことができます。

　でも、英語圏の子供はアルファベットの文字を全部覚えても、文字の組み合わせと単語の意味とを関連づけて理解するのが難しいのです。アルファベットの文字をそのまま発音しても意味をなさないからです。26文字の中からなぜBとLとUとEを選んでつなげてBLUEとすると「青」という意味になるのか？　RとEとDで、なぜ「赤」になるのか？　それを理解するには、さらに一段高い思考が必要になるのです。

cancel
［キャンセル］ ／格子

　旅行で利用する飛行機やホテル、レストランなどの予約を「取り消す」ことを「キャンセル」と言います。もちろん英語のcancelからきています。土壇場で取り消すことを略して「ドタキャン」などと言いますし、もうほとんど日本語と言っていいほど身近な言葉になっています。

　このcancel、何とラテン語の「格子」からきているのです。中世ヨーロッパでは公文書や裁判記録はラテン語で書かれていました。もし書き損じた場合には、紙を破り捨てて別の紙に書き直すことはできませんでした。なぜなら当時、紙は大変高価なものだったからです。

　ローマ時代や中世では、文字を消す時には線を1本引いただけでは不十分で、横線を2本、縦線を2本引いて＃を横に長く伸ばしたようにしました。それが「格子」のような形をしていたのです。**ラテン語で「格子」のことを*cancelli*「カンケッリー」と言いました。英語のcancelという単語は、その「格子」から生まれたのです。**

　「文字を消す」「削除する」という意味だったcancelが、やがて予約や注文を「取り消す」、計画や予定を「中止する」、契約を「無効にする」というふうに意味が広がりました。さらに「相殺する」という意味でも使われるようになります。The wage increase will be canceled out by higher prices.と言えば「賃金が上がった分も物価の上昇で相殺されるだろう」ということです。

nice
［ナイス］

/ 無知な

　nice「ナイス」は、ほとんど日本語と言っていいほどお馴染みの英語です。状況に応じていろいろな意味で使われます。食事が「おいしい」はnice、「良い天気、好天」は nice weather です。I had a nice time. と言えば「とても楽しく過ごしました」という意味ですし、It's so nice to meet you. なら「お会いできてうれしいです」。ゴルフでも上司が球を打った時に Nice shot!「ナイス・ショット！」と叫んでゴマをすったりします。

　こんなふうに良い意味ばかりのniceですが、**語源はラテン語の*nescius*「ネスキウス」で、何と「無知な、愚かな」という意味でした。**それが古フランス語の*nice*を経由して12世紀に英語に入ってきたのですが、ここから意味がめまぐるしく変わっていきます。

　「無知」だと恥をかくので人との会話を控えます。そこから「内気な」「恥ずかしがりや」と意味が変化し、16世紀に入ると「気難しい」から「繊細な」となりました。繊細な人は細かなことに気づいて几帳面なので「正確な」、相手の立場に立って細かな気配りもできるので「親切な」、その気持ちが姿や態度にも表れるので「上品な」となりました。そして18世紀になって「素晴らしい」「感じが良い」「愉快な」という意味になったのです。

　でも最近ではniceがあまりにも頻繁に使われるようになり、皮肉交じりで悪い意味でも使われるようになっています。例えばHere is a nice mess. で「困ったことになった」、What a nice smell! なら「なんて嫌なにおいなんだ！」という意味になります。

bank

［銀行］

／ベンチ

　「銀行」は英語でbankと言います。では、もうひとつ全く違う意味のbankを知っていますか？　「土手」「堤防」のことです。例えば「川岸、河岸」はriverbankと言います。この2つのbankは、どちらもゲルマン語で「土で盛り上がった平たい場所」という意味の*baŋkōn*「バンコーン」がルーツになっています。

　そのゲルマン語から古フランス語の*banc*という単語ができます。「ベンチ」あるいは「長椅子」という意味でした。「土手」も「ベンチ」も、地面から高くなっていて上が平べったいという共通のイメージがあります。そこからイタリア語の*banca*「銀行」という単語が生まれたのですが、はて「土手」「ベンチ」と「銀行」はどのように関連しているのでしょうか？

　「銀行」とはもともと「高利貸し」のことでした。キリスト教では、聖書に「兄弟に利息を取って貸してはならない」と記されているように、お金を貸して利息を取ることは禁止されていました。この教義に違反した者は破門になるという掟もあったほどです。

　しかし世の中には「本音と建て前」があります。それは中世ヨーロッパも同じでした。教会に寄付をして謝礼という名目で利息を受け取ったり、慈善事業に投資して儲けを受け取ったりすることもできたのです。中世も後期になると、むしろ教会がいろいろ便宜をはかって高利貸しが公然と行われるようになります。

　ローマ・カトリック教会が大量に発行した「贖宥状」＊もサン・ピエトロ寺院の再建費用を得るためでした。フッガーという

身近な英語のビックリ語源

＊「免罪符」とも呼ばれますが、罪を免れたのではなく罪を償うための罰を免除されたのです。

高利貸しが販売を一手に引き受けて大儲けします。ドイツの画家ルーカス・クラーナハは、宗教改革を行ったマルティン・ルターの親友ですが、ローマ教会の堕落に批判を込めて「金貸しを神殿から追い出すキリスト」という版画を描いています。

地中海貿易が栄え、いろいろな地域の貨幣が流通するようになると、「高利貸し」は「両替商」も兼ねるようになって大繁盛します。彼らは教会前の広場で、ベンチに座り前に勘定台を置いてお金のやり取りをしました。**そのベンチや勘定台も含めた商売の場をイタリア語でbancaと呼ぶようになり、それがフランス語のbanque、英語ではbank「銀行」となったのです。**

高利貸しや両替商はお金を預かって利息を支払い、貸しつけては利息を得ていました。すると当然のように資金繰りが苦しくなって廃業する人も出てきます。商売をやめる時には、そこで使っていたベンチと机を壊すことが法律で決められていたのです。イタリア語で「倒産した人」のことを*banca rotta*「壊されたベンチ」と呼ぶようになりました。英語で「破産者」を意味するbankruptはここからきています。「破産」「倒産」はbankruptcyです。もちろん損害を被った顧客が激怒して、椅子と机をメチャクチャに壊したこともあったのかもしれません。

ルーカス・クラーナハの木版画「金貸しを神殿から追い出すキリスト」

025
siren
［サイレン］

　紀元前8世紀頃に詩人ホメロスがまとめたとされる叙事詩に *Odysseia*「オデュッセイア」があります。主人公はギリシアのイタケ島の王の *Odysseus*「オデュッセウス」。トロイ戦争に参加してギリシア軍を勝利に導いた後、故郷に戻るまでの10年にわたる冒険の旅の物語です。英語で「長い冒険旅行」のことを odyssey「オデッセー」と言いますが、その単語はこの話からきています。

　オデュッセウスは帰路の途中で立ち寄ったある島で、ポリュペモスというひとつ目の巨人に襲われて食べられそうになりますが、その目をつぶして命からがら逃げ出すことに成功します。ところがその巨人というのが海神ポセイドンの息子だったのです。ポセイドンは怒り狂い、オデュッセウスに魔術をかけて数々の試練を与えたために、なかなか故郷の島にたどり着くことができません。

　そんなある日、オデュッセウスと部下たちはシチリア島近くの海を航行していました。その海域には *seirēn*「セイレン」という"半人半魚"*の妖精がいて、美しい歌声で船乗りたちを誘惑しては、船を難破させて死に追いやっていたのです。岩礁にはセイレンに食い殺された船乗りたちの骸骨が山のように積まれていました。

　オデュッセウスは、部下全員の耳に蠟を詰めて音が聞こえないようにし、自分の身体を縄でマストにくくりつけさせました。どうしてもセイレンの歌声を聞いてみたいと思ったのです。部下

*"半人半鳥"とも言われます。

身近な英語のビックリ語源

たちには、自分に何が起こっても無視するように厳命しました。

　セイレンの歌を聞いたオデュッセウスは暴れ出しましたが、何も聞こえない部下たちはそのまま船を漕ぎ続けました。こうしてオデュッセウスはセイレンの歌を聞いて、生き延びたただひとりの人間となったのです。この話をモチーフにした絵画もいくつかありますが、そのひとつがイギリス古典主義の画家ジェームズ・ドレイパーの「ユリシーズ＊＊とセイレーンたち」です。

　1819年、フランスのカニャール・ド・ラ・トゥールという物理学者が、向かい合わせになった穴が空いた円盤2枚を回転させて空気を送り、両方の穴が合わさった時だけ空気が振動して大きな音を出す装置を発明しました。ド・ラ・トゥールは、**この装置を「オデュッセイア」に登場する海の妖精「セイレン」のことを思い出してフランス語でsirène「スィレーヌ」と名づけます。それが英語でsiren「サイレン」となったのです。**

　美しい歌声ではなく耳をつんざく音となりましたが、このサイレンはかつては空襲や火事、工場の始業や終業を知らせるために使われ、いまでもパトカーや救急車、消防車などの緊急車両の警報音、甲子園で行われる高校野球の試合の開始と終了の合図となっています。甘い歌声で夢の世界に誘い込むのではなく、人々に注意を喚起し、意識を現実に引き戻す大音響となってしまったのです。

ジェームズ・ドレイパー画「ユリシーズとセイレーンたち」（フェレンス美術館蔵）

＊＊ *Odysseus*「オデュッセウス」はラテン語で*Ulixēs*「ウリクセース」と言い、それが英語でUlysses「ユリシーズ」となりました。

stoic
［ストイック］

哲学の講義が行われた「柱廊」

　すべての楽しみを投げうって毎日激しい練習に耐えているスポーツ選手、肉体美を追求して筋トレをする人、志望校合格を目標に猛勉強する受験生——そんなふうに頑張っている人のことを「あの人はストイックだ」などと言います。

　「ストイック」は英語ではstoicとなります。日本語では「禁欲的」とも言います。「自分を律して我慢強く耐える」という意味です。

　この言葉はギリシア哲学の一学派「ストア学派」からきています。紀元前4世紀にゼノン＊（前334〜前262）という哲学者がいました。そのゼノンが弟子たちに講義をした場所が、アテネの中心にある「アゴラ」という公共広場に面した建物の「柱廊」でした。円柱によって屋根が支えられた廊下のことです。片側は建物に接し、もう一方は広場に向かって開け放たれていました。屋根があるために、強い日差しも激しい雨も遮ることができ、哲学を講じるにはふさわしいところでした。一般の人々も自由に講義を聞くことができる、言わば“開かれた教室”だったのです。

　この「柱廊」のことを古代ギリシア語ではstoā「ストアー」と言いました。そこからギリシア語で「柱廊の人」という意味のStōikosを経て、英語のstoicという単語が誕生しました。最初は「ストア哲学」とか「ストア哲学者」ということでしたが、それが「禁欲主義者」「禁欲的な」というふうに意味が広がったのです。

＊ゼノンという哲学者は2人いました。このストア学派のゼノンは「キプロスのゼノン」、もうひとりは「エレアのゼノン」と呼ばれる弁証法の創始者です。

キプロス島で生まれたゼノンは成人して商人となりましたが、22歳の時に乗っていた船が難破しアテネに漂着しました。そこでプラトン(p76)の『ソクラテスの弁明』などの書物を読んだことで哲学に目覚めます。

禁欲を重んじて行動せず実社会との関わりも拒絶する「キュニコス**派」の哲学を学び、アテネ郊外の「アカデメイアの森」(p230)にプラトンが建てた学校で知識を身につける中で、自分自身の哲学思想を確立していきます。

ストア学派の哲学の特徴は「中庸を重んじる」ということです。日々の生活では、うれしいこともあれば不快なこともあります。とんでもない災難が降りかかることだって、強い欲望にとらわれることだってあるでしょう。しかし心安らかに平穏な日々を送るためには、理性と知性によって自分の感情を律するべきだというのがゼノンの考え方です。でも、これはいま私たちが考える「ストイック」とはちょっと違っています。

確かにテレビのニュースなどを見ていると、一時的な欲望にとらわれたり、自暴自棄になったりして、自分の人生を自分で破滅に追い込むような人も少なからずいます。いまの時代においても、いやいまだからこそ、ゼノンの主張したストア学派の哲学を学び直す必要があるのかもしれません。

アテネのアゴラに復元された柱廊

** kunikos は「犬のような」という意味で、日本語では「犬儒主義」と言います。英語では cynic、「冷笑的な」という意味の cynical「シニカル」の語源です。

flea market

[フリーマーケット]

蚤の市
<small>のみ</small>

　休日になると、公園や広場、神社の境内、あるいはショッピングモールなど日本中あちこちで「フリーマーケット」が開かれています。英語ではflea marketです。fleaとは「蚤」のことで、蚤がついているような古い洋服や骨董品などを売っていたので、flea market「蚤の市」と呼ばれるようになりました。

　これをfree marketと勘違いしている人が意外と多いのです。freeには「自由」と「無料、ただ」という意味があるので、誰でも自由に参加できて、ただ同然で物が買えるからだと思っているようです。

　flea marketは、もともとフランス語の*marché aux puces*を翻訳したものです。*marché*は「市場」、*aux*は場所を表す前置詞＋冠詞*、そして*puces*が「蚤」という意味です。

　もうひとつ、flea marketがオランダ語からきているという説もあります。現在ニューヨークがあるマンハッタン島がまだオランダの植民地だった17世紀、オランダからの入植者たちが*Vallie market*という市を開きました。*Vallie*とはオランダ語で「沼地」のことで、マンハッタン島のイーストリヴァー沿いの地名でした。この*Vallie*が*vlie*となり最後にfleaとなったというのです。

　ちなみにオランダ人たちは、他者からの攻撃や侵入を防ぐためにマンハッタン島の南の方に柵をつくりました。その場所が、いまや世界の金融の中心地となっているWall Street「ウォール・ストリート」です。wallは「塀」とか「柵」という意

<small>身近な英語のビックリ語源</small>

---

*英語にすれば「in＋the」ということです。

味です。

　日本語では「フリーマーケット」のことを略して「フリマ」と言います。最近ではオンラインで物品の売り買いができる「フリマアプリ」が人気です。まず出品者がアプリ上に品物の写真をアップし、販売価格を提示します。それを購入したい人が代金をアプリの運営会社に払い、商品が到着したことが確認されると、出品者へ代金が支払われるという仕組みになっています。

　そんな会社のひとつに「メルカリ」があります。その社名を初めて聞いた時に驚いてしまいました。ラテン語で「商う」という意味の*mercārī*からきているからです。英語で「商人」のことをmerchantと言いますが、これもこのラテン語が語源になっています。

　先ほど「フリーマーケット」は「蚤の市」だということを強調しました。しかし、フリーマーケットの開催を促進している「日本フリーマーケット協会」という会社のホームページでは英語名を"Freemarket"としています。「誰もが気軽に参加できるようにという思いを込めたものだ」とのことですが、やはり「蚤」がたかっているような古い物品を売っているというイメージを払拭して、業界を盛り上げたいとの気持ちが表れているのではないでしょうか。

　もうひとつ注意しなければいけないのは、英語には本当にfree marketという言葉があることです。英和辞典を引いてみてください。経済用語で「自由市場」という意味です。「国家の干渉や規制を受けずに、自由意志によって商取引を行う経済体制」のことを言います。

028
biscuit
［ビスケット］

２回焼かれた保存食

　15世紀末から17世紀半ばにかけて、ヨーロッパ人は帆船に乗って大海原を渡り、アフリカ、アメリカ、アジアに進出しました。この時代を歴史上「大航海時代」と呼びます。磁石によって方位を知ることができる「羅針盤」の発明によって航海技術が発達して、地球規模の航海が可能になったのです。

　でも、大きな問題がありました。水と食料です。船に真水や肉、野菜を積み込んでも、すぐに腐ってしまいます。肉は保存のために塩漬けにしたり、いろいろ工夫しますが腐臭がして食べられたものではありません。そこで船の甲板の下に海水を入れる穴をつくって、海亀を何匹も甲羅と甲羅、お腹とお腹を合わせて重ねて押し込んでおきました。そうすれば亀は長いこと生きていて、船員は新鮮な肉が食べられたのです。

　もうひとつの保存食がbiscuit「ビスケット」でした。**これはフランス語のbis「2度」＋cuit「焼かれた」*からきています。**長期の航海でも保存がきくように、小麦粉を練って一度焼き、温度を下げて乾かしてから、もう一度焼いて固くして腐らないようにしたのです。念には念を入れて４回も焼いたという記録も残っています。

　ちなみに、アメリカでは"Triscuit"というクラッカーが販売されています。tri-は「3」という意味です。本当に3回焼いているかはわかりませんが、種類も塩味から蜂蜜味までたくさんあって、サクッとしておいしいお菓子です。

＊ドイツ語でビスケットはZwiebackと言います。これも「2度焼かれた」という意味です。

029
bus
［バス］
すべての人のために

　1662年、フランスのパリで「乗合馬車」の営業が始まりました。哲学者のブレーズ・パスカル（1623～1662）が考案して、国王ルイ14世から許可を得て開業したものです。パスカルと言えば「人間は考える葦である」とか「クレオパトラの鼻がもう少し低かったら」などという言葉を残した哲学者ですが、発明家、実業家でもありました。

　馬車は2頭立て、天蓋付きの4輪で乗客の定員は8名。5つの路線ができ時刻表に合わせて運行しました。それまでは馬車は王や貴族の所有で、庶民は乗ることができませんでした。ところが乗合馬車の登場で、誰でも運賃を払って自由に乗れるようになったのです。

　この乗合馬車はomnibus「オムニビス」というラテン語で呼ばれるようになります。**フランス語では「オムニビュス」＊と発音します。「すべての人のために」という意味でしたが、頭の部分がカットされてbusとなりました。**

　現在の英語ではomnibusが「雑多なものを含んだ」「多目的の」という形容詞で使われています。これは日本語にもなっていて、よく「オムニバス映画」などと言います。いくつかの独立した短編を組み合わせてひとつにまとめた作品のことです。

19世紀にロンドンの街を走った乗合馬車

＊現在のフランス語では「バス」のことをbus「ビュス」と言います。

030
school
［学校］  暇

　英語の school「学校」という単語は、ギリシア語の *skholē*「スコレー」、ラテン語の *schola*「スコラ」からきています。どちらももともとは「暇」「余暇」という意味でした。しかし「退屈しのぎの怠惰で無意味な時間」のことではありません。「知的な思考を行う充実した時間」という意味だったのです。時間的かつ精神的余裕があって初めて、じっくり物事を考え、論じ、学ぶことができるという考え方が人々の根底にありました。ですから「暇」「余暇」が「知的なことに費やす時間」、さらには「学問・教育をする場所」、そして「学校」へと変化していったのです。

　古代ギリシアや古代ローマの社会は、言うまでもなく奴隷制を基盤として成り立っていました。貴族や市民に暇な時間がたっぷりあったことで、政治や哲学や芸術などが高度に発達したのです。彼らにとって、学問をする時間は何事にも代えられない自由で満ち足りた幸福な時間でした。しかし日々の生活に追われていたり、戦争が始まったりすると、そうした時間的余裕もなくなってしまいます。そんな充実した「暇」な時間をとても大切にしていたのです。

　ご存じの方も多いと思いますが、アメリカでは public school と言うと「公立学校」のことですが、イギリスでは「私立の中高一貫校」という意味になります。イートン校やラグビー校などが有名です。昔イングランドの貴族は自らの館で個人教師を雇って学問を教えていたのですが、近世になって

身近な英語のビックリ語源

寄宿学校ができて、そこに子供たちを集めて教育をするようになりました。家庭で行う私的な教育ではなく「公」の学校ということで public school と呼ばれるようになったのです。

「学者」という意味の scholar もラテン語の *schola*「暇」を語源としてできた言葉です。もともとギリシア・ローマの文学を専門とする「古典学者」のことで、ラテン語で「学校の」という意味の *scholāris*「スコラーリス」から派生したものです。

scholastic という英語もあります。「学者の」「学校の」という形容詞ですが、「スコラ哲学者」*という意味にもなります。「スコラ哲学」は scholasticism と言います。中世になると、学問の中心はキリスト教の教義を学ぶ神学になります。神学をアリストテレスなどのギリシア哲学の思想で裏打ちして体系化しようとしたのが、この「スコラ哲学」だったのです。

いまの学校を考えると、子供たちは宿題以外にも学習塾や習い事で忙しく、全く暇がありません。先生も授業以外の負担が多く、残業も長時間に及ぶと言います。受験生ともなると、睡眠時間も削ってねじり鉢巻きで猛勉強しています。

元来「暇」という意味だった「学校」が、全く逆の「忙しく余裕のない場所」になってしまいました。かつて文部科学省の方針で "ゆとり教育" に舵を切った時代もありましたが、子供たちがみんな塾に通って猛勉強するようになり、受験戦争が激化してかえって "ゆとり" がなくなったようです。

古代ギリシア人やローマ人のように、時間的にも精神的にも余裕を持って勉強することはできないものでしょうか？

＊「スコラ哲学者」は英語で schoolman とも言います。

031
alibi
［アリバイ］

別の場所に

　実際の犯罪捜査でも推理小説でも、よく「アリバイ」という言葉が使われます。被疑者が犯行に及んだとするなら犯行現場に犯行時刻にいなければなりません。絶対に犯人だと思われていた被疑者が、現場とは違う場所にいたことがわかり釈放されることがよくあります。日本語では「現場不在証明」と言います。

　英語のalibiは、もともとラテン語の副詞で「別の場所に」という意味でした。 イギリスでは昔、裁判の記録はすべてラテン語で書くことに決められていました。そのため裁判・法律用語には、ラテン語に由来する言葉が多く使われています。

　英語でShe has an alibi for that time.と言うと「彼女にはその時間にアリバイがある」、The detective broke the suspect's alibi.なら「探偵はその容疑者のアリバイを崩した」という意味になります。alibiという一語だけでも「アリバイを証明する」という動詞になり、She alibied her friend out of a difficult situation.なら「彼女は友人のアリバイを証明して苦境から救った」という意味になります。

　最近ではスマホのGPS機能でアリバイを証明できるようになっています。アメリカで殺人事件の容疑者がスマホの位置情報で他の場所にいたことがわかり釈放されました。ところがその男が真犯人だったのです。スマホを犯行現場とは離れた場所に置いていたというのが真相でした。

身近な英語のビックリ語源

family

［家族］　　　　　　　　　　　　　／召使い

　family「ファミリー」は「家族」という意味の英語ですが、もうほとんど日本語と言っていいほど、私たちにお馴染みの言葉となっています。でも、この英単語はもともとラテン語の*famulus*「ファムルス」に由来し「召使い」「使用人」という意味だったのです。

　古代ローマ時代、裕福な貴族は何人もの奴隷を抱えていました。奴隷の仕事は多岐にわたりました。田舎で広い農地を所有する貴族は数多くの奴隷を使って耕作させていました。都会の貴族の家庭では玄関の門番、家の中の掃除係、洗濯係、食事をつくる料理係、食卓に料理を運んで並べる給仕係、寝室で主人の世話をする女性の奴隷もいました。

　やがて召使いや奴隷たちだけでなく、ひとつ家の中に住む主人や妻、子供たちも含むすべての人々のことを*familia*と言うようになりました。それがfamily「家族」という英語になったのです。

　この単語には「一家」「一族」という意味もあります。例えばthe Kennedy familyと言えば「ケネディ一族」ですし、He is a man of good family. なら「彼は名門の出だ」という意味になります。「共通の考えや価値観を分かち合う集団」もfamilyです。1972年に封切られて大ヒットしたフランシス・コッポラ監督の映画"The Godfather"「ゴッドファーザー」では、強い絆で結ばれたマフィアの仲間のことを"family"と呼んでいました。

hobby
［趣味］

「ホビー」という馬の名前

あなたの趣味は何ですか？　読書とか映画・音楽鑑賞、切手収集でしょうか？　ガーデニングや釣り？　あるいはジョギングやテニスやサッカー、野球などのスポーツをして楽しんでいるという人もいるかもしれません。

「趣味」と言うと、真っ先に思い浮かべる英単語はhobbyですが、他にもpastimeやinterest、diversionなどがあります。pastimeは読んで字のごとく「暇な時に行う気晴らし」でkill-timeとも言います。interestは形容詞がinteresting「興味深い」であることからもわかりますが、「知的好奇心を伴う趣味」のことです。もうひとつdiversionという硬い単語もあります。

アロンソ・サンチェス・コエリョ画「アウトゥリアス公ディエゴの肖像」。左手にホビー・ホースを持っています
（リヒテンシュタイン美術館蔵）

勉強や仕事に集中して飽きてきた時などに、気分転換のためにする娯楽のことです。

もっとも一般的な**hobbyという単語の語源をたどってみると、もともとは「子馬の名前」のことだったことがわかります。**その昔、イギリスの多くの家庭では農耕用の馬を飼っていました。ほとんど家族の一員のように大切にされて、RobinとかDobbinあるいはHobinという名前をつけてかわいがっていました。そ

のHobinを赤ちゃん言葉にするとHobbyになるのです。

　裕福な家では、クリスマスや誕生日には親が子供に「馬のおもちゃ」をプレゼントしました。木の棒の先端に馬の頭がついた「棒馬（ぼうま）」というおもちゃや、下の部分がアーチ形になっていて子供がまたがって揺らして遊ぶ「木馬」のこともありました。子供たちはそんな馬のおもちゃにも名前をつけたのですが、その多くがHobbyだったのです。そこから馬のおもちゃのことをhobby-horse「ホビー・ホース」と呼ぶようになります。

　子供たちは、そんな単純な馬のおもちゃでも大喜びして、時のたつのを忘れて夢中になって遊びました。でも、おもちゃの馬に乗っても家を出て遠出することはできません。そこから**「単に楽しい」という理由だけで、何かに没頭しているような活動をhobbyと呼ぶようになったのです。**

　もう一説あります。イギリスで春の到来を祝う「五月祭」というフェスティヴァルがあるのですが、そこで踊るMorris dance「モリス・ダンス」には、馬の頭と胴体をかたどったものを腰につけ乗馬姿のように見せる人が登場します。これもhobby-horseと呼ばれ、hobbyという単語の語源とされています。モリス・ダンスにはストーリー仕立てになっているものもあり、踊り手はそれぞれの役を演じたといいます。そのひとつが「馬」だったのです。

「五月祭」で見かけたhobby-horseを腰につけた男性

taboo
［タブー］

トンガ語の「禁制」

　18世紀の大航海時代、南太平洋を探検していたイギリスの探検家ジェームズ・クック(1728〜1779)はトンガにたどり着きます。島の人々はとても友好的でしたが、そのうちに行動や言葉に規制が多いことに気づき始めます。特定のものに触ることや、それについてしゃべること、ある場所に立ち入ることも厳しく禁じられたのです。島民たちは、そのような禁じられた行為を*tabu*と呼んでいました。トンガの言葉で「神聖な」とか「禁制」という意味です。

　クックが旅行記の中で、この言葉を用いてトンガの習俗を紹介したことから、*tabu*がtabooという英語になって使われるようになりました。使い勝手の良い言葉だったのか、それまであった警告や注意を促す英単語が、すべてtabooに置き換えられてしまいます。最初は宗教的な「禁止」「禁忌」という意味でしたが、そのうちに支配者や権力者が社会の秩序を維持するため、この言葉を使って人々の言動を規制するようになったのです。

　1931年にアメリカで"Tabu"「タブウ」という映画が公開されました。南国を舞台とした青年と乙女の許されない愛の物語です。キューバの音楽家マルガリータ・レクオールがこの映画に感動して「タブー」という曲をつくりました。日本では、かつてドリフターズの「8時だヨ！全員集合」という公開番組で流され、加藤茶の「ちょっとだけよ」というセリフとともに大人気になりました。

身近な英語のビックリ語源

jinx
［ジンクス］

不吉な鳥「アリスイ」

　あるプロ野球チームの監督は、試合に勝つとその運が続くように下着を替えないという「ジンクス」があったといいます。でも、同じ野球には「2年目のジンクス」という言葉もあります。1年目に大活躍して新人王になっても、2年目になると安心しきってしまうのか、相手に攻略法を研究されるのか、成績が大きく下がってしまうことです。

　このように「ジンクス」は、日本においては縁起が良くても悪くても、「験担ぎ」といった意味で使われます。でも英語のjinxは「不運」「不吉」「縁起の悪いもの」という悪い意味だけになります。

　この単語はギリシア語のiyux、ラテン語のiynxからきています。どちらも「イユンクス」と言い、「アリスイ」という鳥のことでした。キツツキの仲間で、その名の通り長い舌でアリを吸って食べます。この鳥は、危険を感じた時には首をぐるぐると180度回転させて威嚇します。その姿が、ちょっと見ではヘビのように見えることから、魔力を持つ不吉な鳥とされ、呪術や占いにも用いられるようになりました。魔女が惚れ薬をつくる時には、アリスイの羽を使って薬を調合したとも言われています。

jinx「ジンクス」の語源となった
「アリスイ」という鳥

036
mentor
［良き助言者］

／ オデュッセウスの家臣
「メントル」

　最近、ビジネスの現場でmentor「メンター」という言葉を
よく聞くようになりました。「良き指導者」「良き助言者」とい
う意味です。新入社員に仕事の指導だけでなく、私生活上の
悩みを聞くなど精神的なサポートもする先輩社員のことです。
入社してもすぐに辞めてしまう若者が多いこともあり、この
「メンター制度」を採用する企業が多くなっています。「新入社
員教育」はmentoring「メンタリング」。これも会社ではお馴
染みの言葉になっています。最近の言葉だと思われるかもし
れませんが、実は**紀元前8世紀頃に**_Homēros_**「ホメロス」***
**という吟遊詩人がまとめた叙事詩「オデュッセイア」に登場す
る**_Mentōr_**「メントル」という賢者の名前からきています。**

　この物語の主人公は「オデュッセウス」、エーゲ海に浮かぶ
イタケという小さな島の王でした。ギリシア連合軍と城塞国
家トロイとの戦争がありました。「トロイ戦争」＊＊です。オ
デュッセウスと家来たちはイタケ島を出帆して参戦しますが、
膠着状態が続いてなかなか決着がつきません。そこでオデュッ
セウスが発案したのが「トロイの木馬」という作戦でした。

　堅固な城壁に囲まれたトロイを攻めあぐねていたギリシア
軍が大きな木馬を城塞の門の前に置いたまま撤退します。ひ
とり残っていたギリシア兵が捕まって拷問にかけられ、「木馬
は女神の怒りを鎮めるためにつくったもので、こんなに大き
いのは、この木馬がトロイの城壁の中に入るとギリシアが負
けると占い師に予言されたからだ」と嘘をつきます。トロイ人

＊英語ではHomer「ホーマー」と言います。

72
身近な英語のビックリ語源

たちは木馬を引いて城塞の門の中に運び込みます。ところが木馬の中にはギリシア兵が潜んでいて、夜になると忍び出て城塞の門の鍵を内側から開け、外で待っていた味方の軍勢を中に引き入れトロイを焼き払ったのです。

　トロイ戦争で手柄を立て、意気揚々と故郷に向かったオデュッセウスですが、途中で流れ着いた島でひとつ目のポリュペモスという巨人に捕まってしまいます。酒に酔わせたすきに目をつぶして逃げ出すことに成功したのですが、この巨人は何と海神ポセイドンの息子でした。オデュッセウスは怒ったポセイドンに魔法をかけられ、故国に戻るまでに数多くの試練に遭遇することになります。

　オデュッセウスはトロイ戦争に従軍する際、信頼する家臣で親友でもあったメントルに屋敷と財産の管理、息子のテレマコス王子の教育を任せていました。王の長期の不在の間に、妻のペネロペイアには王位と財産欲しさに求婚する男性が殺

到します。テレマコスも次の王の候補だったために命を狙われていました。メントルは求婚者たちを追い払うとともに、テレマコスを勇気づけて父親を捜す旅に出るようにアドヴァイスします。このエピソードから「メントル」という名前が英語でmentorとなり、「経験の少ない者や若者に知識を伝える役割を持つ人物」という意味になったのです。

「テレマコスとメントル」。フランソワ・フェヌロン著『テレマコスの冒険』(1699年刊)の挿絵

**「トロイア戦争」とも言います。英語ではTrojan War「トロージャン・ウォー」となります。

English Words from Personal Names

II

英語になった人の名前

英語の一般名詞や動詞には人の名前から生まれたものが少なくありません。

「やつ」「男」という意味の guy「ガイ」はある歴史的事件の犯人の名前からきています。さて、それはどんな人物だったのでしょうか？

「ガイ・フォークス・マスク」。
デモなどでの抗議運動でかぶることもあります。

037

Platonic love
［プラトニック・ラヴ］

プラトン

　古代ギリシアを代表する哲学者に*Platōn*「プラトン」（前427〜前347）がいます。英語ではPlato、発音をカタカナで表せば「プレイトー」となります。形容詞はPlatonic「プラトニック」、「プラトンの」「プラトン哲学の」という意味です。

　私たち日本人もよくPlatonic love「プラトニック・ラヴ」という言葉を使います。これは読んで字のごとく「プラトンの愛」という意味で、「男女間の肉体関係のない精神的な愛」のことを言います。でも、もしプラトンがこの世に蘇（よみがえ）ったら、自分の名前が入った言葉がそんな意味で使われていることに驚いたに違いありません。プラトンは一言もそんなことを言っていないからです。

　プラトンの師は*Sōkratēs*「ソクラテス」（前470頃〜前399）ですが、著書を全く残していません。偉大な哲学者として後世に名が残っているのは、弟子のプラトンがソクラテスの語った言葉を書き残しているからです。著書の多くはソクラテスが人々と交わした会話形式の書物で「対話篇（たいわへん）」と呼ばれています。そのひとつが『饗宴（きょうえん）』でした。ギリシア語では*sumposion*「シュンポシオン」、「一緒に酒を飲む」という意味です。英語のsymposium「シンポジウム」（p228）は、このギリシア語からきています。

　『饗宴』では「愛とは何か」をテーマにソクラテスをはじめ文学青年、政治家、医師、喜劇作家、悲劇詩人などが自分の考えを語ります。最初に文学青年が滔々（とうとう）と性愛の神「エロス」を賛美します。次の発言者は肉体的な愛欲に耽（ふけ）る「世俗的な愛」

ではなく、理性的な男性による少年への愛こそが神聖な「天上の愛」であると語ります。当時は、大人の男性が庇護者となって有能な少年を愛し育てるという「少年愛」が社会的にも認められ奨励さえされていたのです。ですから、ちょっと古い英和辞典になると、Platonic loveの意味のひとつが「男性同士の愛」となっているものもあります。

このような発言が続く中、ソクラテスの登場で議論の様相はがらりと変わります。究極の愛とは「美のイデア」を愛し求めることだというのです。「イデア」を簡単に説明するのは難しいのですが、「本質」あるいは「原型」と言ったらいいのでしょうか? この世には美しいものがたくさんありますが、そういった個々の美を超越した「美の理想像」のことです。

ルネッサンスの時代になって、15世紀にマルシリオ・フィチーノというプラトン研究家が、メディチ家の庇護を受けて「プラトン全集」をラテン語に翻訳します。その際に amor platōnicus「アモル・プラトーニクス」(プラトン的愛)という言葉を使ったのです。

それが17世紀に入ってから、キリスト教的な愛の理念 agapē「アガペー」* と融合して、「男女間の肉体関係のない精神的な愛」と解釈されるようになりました。「少年愛」からも「美のイデア」からもかけ離れた意味になってしまいました。プラトンもビックリ!です。

ラファエロがダ・ヴィンチからイメージを得て描いたとされるプラトン。「アテナイの学堂」の一部(ヴァチカン宮殿蔵)

＊神の人間に対する無償にして無限の「愛」のことです。

038

July
［7月］

／ ユリウス・カエサル

　古代ローマ時代、初めて暦ができたのは紀元前8世紀、初代王の*Rōmulus*「ロムルス」(p166)が定めた「ロムルス暦」でした。この暦はいまと違って春から秋までの10か月しかありませんでした。暦はいつ種を蒔いて、いつ収穫するのかという農作業の時期を示すものでしたから、畑仕事のできない真冬の2か月間は空白になっていたのです。

　最初の月は*Mārtius*「マルティウス」と言い、戦いの神「マルス」の月でした。これが現在のMarch「3月」(p168)の語源です。春は暖かくなって農作業をしやすくなりますが、同時に戦争でも兵隊を動かしやすい気候だったのです。

　ロムルス王が亡くなると、元老院からの指名でヌマ・ポンピリウスが第2代王となります。そのヌマがつくったのが「ヌマ暦」です。10か月の後に*Jānuārius*「ヤヌアリウス」と*Februārius*「フェブルアリウス」という2つの月を加えて、1年を12か月としました。*Jānuārius*はローマ神話の双面神*Jānus*「ヤヌス」(p172)の月、*Feruārius*は贖罪の神*Februus*「フェブルウス」の月という意味でした。

　そのまま600年近く暦には大きな変更はなかったのですが、紀元前2世紀になって「ヌマ暦の改革」が行われました。最後の2つの月を1年の初めに移動して「1月」と「2月」にしたのです。3月はそのままマルスの月*Mārtius*「マルティウス」、4月はギリシア神話の愛と美の女神アプロディテの月*Aprilīs*「アプリリス」、5月は豊穣の女神マイアの月*Māius*「マイウス」、

6月は結婚の守護神ユノの月*Jūnius*「ユニウス」ということで変わりありませんでした。

　ただ問題は7月からでした。月の名前がラテン語の「数字」をもとにしてつけられていたからです。「7月」は、改暦の前まで1年の最初の月*Mārtius*（現在の3月）から数えて「5番目の月」という意味で*Quīntīlis*「クウィンティリス」と呼ばれていました。5人で歌ったり演奏したりするグループをquintet「クインテット」と言いますが、これはラテン語の「5」からきています。ところが1年の最初に2つの月が入ったために、「5番目の月」が7月ということになってしまいました。「6番目の月」の*Sextīlis*「セクスティリス」も「8月」となり、12月まで2つのずれが生じてしまったのです。

　現在の英語で10月はOctoberですが、これももともと「8番目の月」という意味でした。海にいる「タコ」のことをoctopusと言います。これは8本の脚を持っているからです。ラテン語では「8」を*octō*「オクトー」と言ったのです。同様にSeptember「9月」の*septem*「セプテム」はラテン語の「7」、November「11月」の*novem*「ノウェム」は「9」、December「12月」の*decem*「デケム」は「10」からきています。

　紀元前46年に*Jūlius Caesar*「ユリウス・カエサル」*（前100～前44）が、天文学をはじめとする科学が発展していたエジプトから戻り新しい暦を定めました。これが「ユリウス暦」です。1年を原則365日とする太陽暦で、4年に一度の閏年を設けます。そして奇数月を31日、偶数月を30日とし、2月だけは例外的に29日としました。**おまけに自分が生まれた7月の*Quīntīlis*を自らの名前にちなんで*Jūlius*「ユリウス」と変えてしまいました。これが英語でJulyになったのです。**

*英語でも綴りは同じですが、発音は「ジュリアス・シーザー」となります。

039

August
[8月]

初代ローマ皇帝
「アウグストゥス」

　古代ローマで最初の皇帝は*Augustus*「アウグストゥス」(前63〜後14)です。カエサルの妹の孫で、幼少の頃の名前を「オクタウィアヌス」と言いました。若いうちから才能を見出されて、カエサルの養子となります。そしてカエサルが暗殺されてから、遺書で後継者に指名されていることがわかったのです。

　カエサルが暗殺された後、アントニウス(前82頃〜前30)とレピドゥス(? 〜前13)とともに2回目の「三頭政治」*の一角を担います。アントニウスの妻はオクタウィアヌスの姉オクタウィアでした。ところがアントニウスはエジプト遠征の際にカエサルの妻だった女王クレオパトラ(前69〜前30)の魅力の虜になってしまい、妻と離婚してクレオパトラと結婚します。

　レピドゥスが失脚すると、オクタウィアヌスは自分の姉と離婚したアントニウスとの対立を深めます。アントニウスがクレオパトラと2人で東方の属州を専制支配しようと目論むと、その対立は決定的となります。

　オクタウィアヌスは、アントニウスとクレオパトラの率いるエジプト連合軍をギリシア西方沖で展開された「アクティウムの海戦」で破りました。アントニウスは自殺し、クレオパトラも毒蛇のコブラに自らの乳房を咬ませて死んだと伝えられます。

　オクタウィアヌスはローマに凱旋すると、権力を元老院に戻し、カエサルのような独裁者にならないことを示すために、自らを*princeps*「プリーンケプス」と称しました。「市民の第一人者」という意味です。これが英語のprince「王子」の語源

*最初の「三頭政治」は、紀元前1世紀中頃にカエサル、クラッスス、ポンペイウスの3人によって行われました。

です。

　これに対し元老院はオクタウィアヌスに「アウグストゥス」という称号を与えます。「尊厳ある者」という意味です。元老院から何度も独裁官になるように勧められますが、固辞します。しかし軍事的・政治的権力を自らに集中させて権威を確立し、40年にわたって君臨したことで、後世になって事実上の「皇帝」だったと評価されたのです。

**　アウグストゥスは紀元後8年、大叔父のカエサルが定めたユリウス暦の改革を行い、アクティウムの海戦に勝利した「8月」を自らの名前をとって*Augustus*「アウグストゥス」と変えてしまいます。これが英語のAugust「8月」の語源です。**

　それまで8月は、1年の最初の月*Mārtius*「マルティウス」から数えて「6番目の月」ということで、*Sextīlis*「セクスティリス」と呼ばれていました。ラテン語で「6」を意味する*sex*「セクス」

からきた月の名前です。これでとりあえず8月までは数字のずれは解消されることになりました。

　ただ、アウグストゥスは自分の名前がついた8月の日数が30日で、他の月より少ないことは威厳にかかわると、8月を31日にし、2月を1日少ない28日に変えてしまいます。それに伴って9月と11月を30日に、10月と12月を31日としたために、奇数月が31日の大の月、偶数月が30日の小の月という、それまでの原則が崩れてしまったのです。

アウグストゥスの大理石像
（ヴァチカン美術館蔵）

Caesarean section
「帝王切開」の語源はカエサル？

　共和政ローマ時代の英雄と言えば、何と言っても*Jūlius Caesar*です。ラテン語では「ユリウス・カエサル」ですが、英語では「ジュリアス・シーザー」と発音します。英語で「帝王切開」のことをCaesarean sectionと言います。妊婦の子宮を切開して胎児を取り出す手術のことです。Caesareanは「カエサルの」という形容詞、sectionは「切断、分離」ですから「カエサルの切開」と解釈され、長い間カエサルに由来する表現だと信じられてきました。しかし、これは現在では「民間語源」とされています。

　まずカエサルが帝王切開で生まれたので、この表現ができたと言われたのですが、それは事実ではありません。古代ローマでは、分娩の時に妊婦が死亡した場合、お腹を切開して胎児を取り出しました。当時の医療技術では、妊婦と胎児の両方を助けることはできなかったのです。カエサルがこのようにして産まれたとするなら、母親はその時に亡くなっていたはずですが、母親のアウレリアは54歳まで生きました。当時としてはかなりの長命だったのです。

　亡くなった母親のお腹から取り出した胎児はラテン語で*caesō*「カエソー」、あるいは*caesar*「カエサル」と呼ばれました。*caedere*「切る」の過去分詞*caesus*「切り取られた」から派

生した言葉です。16世紀になって、この手術法はラテン語で *sectiō caesarea* と呼ばれるようになります。あえて日本語に訳せば「切り取られた者の切除」という重複表現になりますが、それが英語で Caesarean section となったのです。

　それでは、日本語の「帝王切開」の「帝王」はどこからきた言葉なのでしょうか？　ここで話はまたユリウス・カエサルのことに戻ります。カエサルは終身独裁官にはなりましたが「皇帝」にはなっていません。最初の皇帝はカエサルの妹の孫で養子でもあったアウグストゥスです。この皇帝が養父の *Caesar*「カエサル」という名前を「ローマ皇帝」の称号として使って箔をつけたのです。

　中世になってできた神聖ローマ帝国の皇帝は *Kaiser*「カイザー」と呼ばれます。それはこの *Caesar* という称号からきています。日本の医学は主に明治時代にドイツから導入されました。ドイツ語で「帝王切開」は *Kaiserschnitt*「カイザーシュニット」と言います。*Kaiser* は「皇帝」、*Schnitt* は「切ること、切開」という意味です。この *Kaiser* というドイツ語にはあくまでカエサルという称号を語源とする「皇帝」という意味しかありません。そんな理由で、日本語で「帝王切開」と呼ばれるようになったのです。

　現在の日本でも、医療現場では「帝王切開」のことを「カイザー」と呼びます。知り合いにお医者さんや看護師さんがいたら、ちょっと聞いてみてください。

040
pantaloon
［パンタロン］

聖パンタレオン

　日本で「パンタロン」と言うと、腰から腿までがピッタリしていて膝から下がゆったりと広がっているズボンを意味します。別名「らっぱズボン」と言います。でも日本以外ではパンタロンにそんな意味はありません。単に「長ズボン」＊という意味なのです。英語ではbell-bottoms「ベルボトム」と言います。bellは鳴らして音を出す「ベル」のことで、下に向かって広がっています。bottomは「底」ですが、「ズボンの裾」という意味もあるのです。

　1960年代後半、日本にファッションの先端を行くフランスから長ズボンという意味の「パンタロン」という言葉が入ってきました。ちょうどその時に、偶然ベルボトムも流行していたことで、パンタロンがベルボトムと混同されてしまったのです。

　しかしこの「パンタロン」、とても興味深い歴史が秘められている言葉なのです。4世紀のローマに*Pantaleōn*「パンタレオン」(?～305)という名医がいました。多くの患者の重い病を治したことで評判になり、皇帝にも気に入られて将来は侍医となることを約束されていました。ただひとつだけ問題がありました。キリスト教徒だったのです。まだキリスト教は公認されておらず、迫害がいちばん激しい時代でした。

　パンタレオンの名声に嫉妬した他の医者たちが、皇帝に彼がキリスト教徒であることを密告します。皇帝は怒って過酷な拷問を加えます。パンタレオンは神の奇跡を信じて耐え忍びますが、最後には斬首刑に処せられてしまいます。こうし

＊英語で「長ズボン」は、他にtrousersと言います。こちらの方が一般的です。

て殉教者となったパンタレオンは「医者の守護聖人」、さらには「ヴェニスの守護神」として、いまも多くのキリスト教徒に崇拝されています。

　この話はまだ続きます。16世紀のイタリアでは*commedia dell'arte*「コンメディア・デッラルテ」という即興仮面劇が人気となっていました。台本はなく簡単な筋書きに沿って芸達者な役者たちがアドリブでドタバタ劇を繰り広げたのです。それに決まって登場したのが、愚かでケチで年老いたヴェニスの商人でした。役名は*Pantalone*「パンタローネ」と言い、聖パンタレオンをもじった名前でした。ピエロにバカにされる役どころで、いつも特徴のある赤いズボンをはいていました。

　やがてこの即興芝居はパントマイムのような無言劇へと発展していきます。これにも「パンタローネ」が登場しました。やはり痩せこけた老いぼれで、道化師の相手役として観客を笑いの渦に巻き込みました。**パントマイムはフランスでも大人気となり、パンタローネとその派手な長ズボンは*pantalons*「パンタロン」と呼ばれるようになります。**それまで貴族の男性は「キュロット」という膝までの短いズボンをはいていましたが、フランス革命以降はみんな長いズボンをはくようになったのです。

　この言葉は英語でpantaloon**「パンタルーン」となりました。もちろん「長ズボン」という意味ですが、そのうちにpantsと短くなります。日本でも最近、若い人はズボンのことを「パンツ」と言います。私はてっきり下半身にはく下着が長ズボンという意味に変化したものだと思っていましたが、違いました。ところが、イギリスでは「下着のパンツ」のことをpantsと呼ぶのです。本当に英語って厄介ですね。

** 脚が入る部分が2つあるので、ふつうpantaloonsと複数形になります。誤
　解を避けるために1枚ならa pair of pantaloonsと言います。

041
Bloody Mary
［ブラッディ・メアリー］

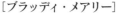

イングランド女王
「メアリー1世」

Bloody Mary「ブラッディ・メアリー」というカクテルがあります。「ブラッディ・マリー」とも呼ばれますが、お酒を飲まない人でも未成年でも名前は聞いたことがあるでしょう。ウォッカにトマトジュースを混ぜてレモン汁をたらした赤いお酒です。

これはイングランドの女王 Mary I「メアリー1世」(1516～1558)**の名前からきています。**カトリックに改宗しないプロテスタントを大勢処刑した悪名高い女王です。bloody とは「血まみれの」「血みどろの」「血で汚れた」という意味で、赤いカクテルが女王によって処刑された人たちの「血」を連想させたことで、こう呼ばれるようになりました。

メアリーの父親ヘンリー8世は信心深いカトリック教徒でした。妃もカトリック国スペイン出身のキャサリン。この2人にはなかなか男児が生まれませんでした。そんな時にヘンリー8世にアン・ブーリンという恋人ができます。カトリックは教義で離婚を認めていません。もちろんローマ教皇もそんなことを許すはずはありません。

ここでヘンリー8世はとんでもないことをやってのけます。イングランド国内のカトリック最高位のカンタベリー大司教にキャサリンとの離婚を認めさせたのです。ローマ教皇はヘンリー8世を破門します。すると、これに対抗して国王は自らを首長とする「英国国教会」を設立して、ローマ・カトリック教会から国ごと離脱してしまいました。何と国王の離婚という個人

86
英語になった人の名前

的な事情で、国の宗教を変えてしまったのです。

　こんな大変な思いをして離婚したヘンリー8世でしたが、アン・ブーリンと再婚すると、すぐにジェーン・シモアという愛人ができます。密通をでっち上げて、離婚に応じようとしないアン・ブーリンを処刑してしまったのです。彼女が王妃の座にあったのは、たったの1000日ほどでした。

　ヘンリー8世が亡くなると、ジェーン・シモアの息子のエドワード6世が9歳で即位します。大陸で起こった宗教改革に共感する熱心なプロテスタントで品行方正な青年でしたが、病弱だったため16歳の若さで亡くなってしまいます。次にヘンリー8世の妹の孫だったジェーン・グレイがイングランド初の女王として即位します。しかしヘンリー8世の最初の王妃キャサリンの娘メアリーの陰謀で、わずか9日間で退位させられ斬首刑となってしまいます。

　このような経緯で、メアリー1世が即位します。母から敬虔なカトリックとして育てられたメアリーは、国の宗教政策を180度転換してしまいます。ローマ・カトリック教会と和解し、国内のプロテスタントに激しい弾圧を加えます。カトリックに改宗しない者を容赦なく処刑したのです。その数は女性や子供も含め300人に及びました。それ以降も、イングランドは宗教をめぐって血で血を洗う"修羅場"になってしまいます。

アントニス・モル画「メアリー1世」（プラド美術館蔵）

nicotine
［ニコチン］

／ フランスの駐ポルトガル大使
「ジャン・ニコ」

　1492年、イタリア・ジェノヴァ生まれのコロンブス（1451頃～1506）がアメリカ大陸に到達します。この“新大陸”からヨーロッパにもたらされたものには、ジャガイモやトウモロコシ、トマトなどの作物の他に「たばこ」がありました。ある航海日誌には「インディオが枯れ草を枯れた葉っぱでくるみ、一方の端に火をつけ、反対側からその煙を吸い込むのを見た」という記述があります。

　コロンブスのアメリカ大陸到達から半世紀が過ぎた頃、フランス人のJean Nicot「ジャン・ニコ」＊（1530～1604）という外交官が、語学力を買われて大使としてポルトガルのリスボンに派遣されます。まだ5歳だったポルトガル王とフランス王の6歳の娘との結婚をとりまとめるためです。30歳と若かったニコはリスボンの港でアメリカ大陸から戻ってきた船乗りたちと親しくなり、不思議な植物を手に入れます。それが「たばこの葉」でした。

　ニコが「たばこ」をフランスに持ち帰り薬草として紹介すると、フランス王アンリ3世の母カトリーヌ・ド・メディシスが頭痛薬として用いたことで上流階級にも普及します。こうして**「たばこ」は、ニコの名前からラテン語で*nicotiāna*「ニコティアーナ」と呼ばれるようになりました。これが nicotine「ニコチン」の語源です。**いまでは「たばこの葉に含まれる成分」を意味するようになっています。

　現在の英語ではtobaccoが「たばこの葉」や「刻みたばこ」「嚙みたばこ」を意味します。これはスペイン語の*tabaco*からきて

＊フランス語ではNicotの最後のtは発音しません。

います。cigaretteは「紙巻たばこ」、cigarは「葉巻」ですが、これが何とスペイン語の*cigarra*「セミ」**からきているという説があります。確かに薄い紙に包まれていて、それがセミの翅（はね）のようですし、葉巻はずんぐりしたセミの胴体のようにも見えます。

　17世紀になると、フランスの宮廷で「パイプたばこ」が流行します。ところが、ルイ13世（1601～1643）がたばこの煙を鼻から出すのははしたないと言って禁じてしまいます。そこで貴族たちはたばこを粉にして、指でつまんで鼻から吸い込み、香りを楽しむようになりました。これが「嗅ぎたばこ」です。

　イングランドに「パイプたばこ」による喫煙の習慣を広めたのは、軍人で政治家でもあったウォルター・ローリー（1552頃～1618）でした。エリザベス1世（1533～1603）に寵愛（ちょうあい）され、アメリカ東部のロアノーク島一帯をイングランド最初の入植地にしようと計画しVirginia「ヴァージニア」と名づけます。エリザベスは一生涯結婚しなかったためにVirgin Queenと呼ばれていた

のです。そんな影響力のあるローリーを真似（まね）て、宮殿中の人々が喫煙をするようになります。ローリーが初めて自分の部屋でパイプたばこを吹かした時の逸話が残っています。召使いが煙が立ち上るのを見てローリーの身体（からだ）が燃えていると勘違いし、慌てて頭からバケツの水を浴びせかけたというのです。しかし、真偽のほどは定かではありません。

ジャン・ニコの肖像画

** 英語で「セミ」はcicadaと言い、「スィケイダ」と発音します。

quixotic
[空想的な]

ドン・キホーテ

　実在の人物だけでなく、小説の主人公の名前からも英単語が誕生しています。**スペインの作家Miguel de Cervantes「ミゲル・デ・セルバンテス」(1547〜1616)が書いた『ドン・キホーテ』の主人公Don Quixote「ドン・キホーテ」からはquixoticという英語ができました**。「ドン・キホーテ的な」ということですが、「空想的な」「非現実的な」「騎士気取りの」「ロマンチックな」から「突拍子もない」までさまざまな意味の形容詞です。英語の発音は「クィックサティック」＊となります。

　ドン・キホーテが風車を巨人の大軍だと思い込み、槍を構えて愛馬のロシナンテにまたがり全力で突進していく場面はあまりにも有名です。突然そこに強風が吹いて大きな風車の羽根がまわり始め、ドン・キホーテは跳ね飛ばされてしまいますが、「魔法使いが嫉妬して、巨人退治の手柄を自分から奪うために風車に変えたのだ」と言い張ります。

　ドン・キホーテは暇さえあれば騎士道物語を夢中になって読んでいました。ろくに眠りもせずに読みふけったために、脳みそもカラカラに干からび、ついには正気を失ってしまいます。たくさんの本で読んだ荒唐無稽な出来事を、ことごとく真実だと信じ込んでしまったのです。

　思慮分別をなくしたドン・キホーテは、これまで世の中の誰も思いつかなかったような奇妙な考えに陥ります。鎧かぶとに身を固めて、馬にまたがって遍歴を続けながら、自らが読んで覚えた遍歴の騎士たちのような冒険を実行することを決意しま

＊Don Quixoteという名前の英語の発音は「ドン・クィックサット」でもスペイン語風に「ドン・キホーティ」でもどちらでもOKです。

す。この世から不正を取り除くために進んで窮地に身を置いて、それを克服することで、永久に人々に語り継がれるような手柄を立て、名声を得ることを人生の目標にしたのです。

　ドン・キホーテはサンチョ・パンサという農夫を従えて旅に出ます。しかし、もはや騎士たちが大活躍した中世ではありません。時代錯誤を起こした主人公たちと旅で出会う人々との滑稽なエピソードが次から次へと巻き起こります。

　3度にわたる遍歴の旅を終え、故郷の村に戻ったドン・キホーテは熱病にかかって生死の間をさまよいます。目を覚ました時ドン・キホーテは正気に戻っていました。サンチョに「騎士道物語を真実と信じたことは誤りだった。お前にまで狂気と思われるような振る舞いをさせてしまい申し訳なかった」と詫びます。サンチョは涙ながらに答えます。「死なねえでくだせい。最大の狂気は、ただ悲しいから辛いからと言って命を縮めて死ぬことですぜ」と。この言葉にはふたり愉快に旅したことへの満足感が溢れています。

　いまの日本社会は閉塞感に覆われ、大きな夢に向かって突き進む若者は少ないと言われます。でも、たった一度の人生、他人に笑われようが批判されようが、自分の信じる道を歩んでいくべきだ──ドン・キホーテの物語は、そんなことを強く訴えかけてきます。

ドン・キホーテとサンチョ・パンサの像を見下ろすセルバンテスの大理石像（マドリッド・スペイン広場）

guy
［やつ］

火薬陰謀事件の主犯
「ガイ・フォークス」

　口語では「やつ」という意味でguyという単語を使うことがあります。He's a good guy. と言えば「あいつはいいやつだ」ということです。ちょっと乱暴な日本語にすると「野郎」に近いかもしれません。

　guyには「男」という意味もあるので、私は女性には絶対使わないと思っていました。ところが以前、友人のアメリカ人と一緒に道を歩いていた時、男女のグループとすれ違ったことがありました。知り合いだったらしく、その友人は彼らに手を挙げて、Hi, guys!「やあ、君たち」と挨拶したのです。私が「女性にもguyと言っていいのか」と聞くと、「単数だったら男だけだけど、複数のguysは男女だけでなく女性のみのグループにも使えるんだよ」と教えてくれました。

　このguyが人の名前に由来すると言ったら驚かれるかもしれません。17世紀初め、イングランド国内では宗教対立が激しくなっていました。国王が信仰する宗教によって政策がめ

火薬陰謀事件で逮捕される
ガイ・フォークス

ぐるしく変わり、異教徒となった人々が次々に処刑されるような血なまぐさい時代となっていたのです。時の国王ジェームズ1世は「英国国教会」を国の主たる宗教と定め、カトリックだけでなくプロテスタントのピューリタン（清教徒）も弾圧しました。

そんな時に起こったのが「火薬陰謀事件」です。1605年11月5日、カトリック教徒の過激派が、国会議事堂の地下に爆弾を仕掛けて議会に出席するジェームズ1世を爆殺しようとしました。その主犯格のひとりがGuy Fawkes「ガイ・フォークス」(1570〜1606)という男。爆薬を見張っていたところを見つかって捕えられてしまいます。最初は完全黙秘していましたが、凄（すさ）まじい拷問にかけられて事件の全容を白状したあげく、絞首刑になってしまいます。

　それ以降、この爆破未遂事件を人々の記憶にとどめようと11月5日は「ガイ・フォークス・デイ」となりました。子供たちはフォークスに似せた奇怪な人形をつくり、街中引きまわしながら「11月5日を忘れるな／ガイ・フォークス、ガイ／煙突に叩（たた）き込んで殺しちゃえ」という歌を歌い、夜になると焚火（たきび）をして人形を焼き捨てました。

　こうしてGuyという人名が「奇異な人」「滑稽な人」から「さらし者にする」「からかう」という動詞になり、さらに19世紀中頃になって「やつ」「男」という意味になったのです。現在でも政治的な抗議行動をする際に、少し笑ったような目で、唇と口ひげの両端が上がった滑稽なお面をかぶる人がいます。あれが「ガイ・フォークス・マスク」です。

PROCESSION OF A GUY.

「ガイ・フォークス・デイ」の行進の様子を描いたイラスト

sandwich
［サンドイッチ］

サンドイッチ伯爵

　パンに肉や野菜などを挟んだ料理のことをsandwich「サンドイッチ」と言います。茹で卵やマッシュポテトを具にしたり、ハムやハンバーグやチーズ、日本ではカツを挟んだりすることもあります。**これは18世紀のイギリスの貴族Earl of Sandwich「サンドイッチ伯爵」の名前からきています。**

　伯爵の名前はJohn Montagu「ジョン・モンタギュー」(1718〜1792)。裕福な貴族の家に生まれ、名門イートン校からケンブリッジ大学に進んだ後、諸国に遊学しました。帰国後、貴族院議員となり30歳で海軍大臣となった超エリートです。

　しかし彼にはひとつ欠点がありました。大のギャンブル好きだったのです。休むことなくぶっ通しでカード賭博をしていた伯爵が、ゲームを中断することなく片手で食べられるように肉を挟んだパンを召使いにつくらせたことから、この簡単な食べ物が「サンドイッチ」と呼ばれるようになったとされています。でも、サンドイッチを考案したとか、発明したということではありません。

　パンに肉を乗せたり挟んだりする料理は、はるか昔から存在していました。古代ローマ人は丸いパンに肉を詰めた「オッフラ」という料理を好んで食べましたし、古代インドでもナンに羊肉を挟んでいました。紀元前1世紀には、ユダヤ教の教師が祭りで生贄となって焼かれた羊肉と苦い薬草を平たいパンに挟んで食べたという記録も残っています。16世紀頃から17世紀頃のイギリスでも肉とパンを一緒にして食べていて、

*プロイセンとオーストリアの対立をきっかけに全ヨーロッパに広がった戦争で、
　イギリスはプロイセン側について勝利しました。

bread and meatと呼ばれていました。

　食べ物としての「サンドイッチ」という言葉が初めて文献に登場したのは、『ローマ帝国衰亡史』を書いたイギリスの歴史家エドワード・ギボンの日記の中です。1762年11月24日に「ロンドンのクラブで20〜30人のイギリスの一流の男たちが、わずかばかりの冷たい肉、あるいはサンドイッチをテーブルで食べていた」と記されています。1765年にピエール・グロスレというフランス人作家が書いたロンドン滞在記には「国務大臣は賭博場で24時間を過ごし、ゲームを続けながらパンに挟んだ牛肉を食べる。この食べ物は、私の滞在中に大流行し、発明した大臣の名で呼ばれた」という記述もあります。

　この「国務大臣」とは、もちろんモンタギューのことです。ですが彼はこの頃、海軍大臣など国の要職にあり多忙をきわめていたはずです。初めての世界大戦とされる「七年戦争」*とアメリカ大陸での「フレンチ・インディアン戦争」**の戦後処理で寝る暇もなかったでしょう。仕事中に机でサンドイッチを食べたことはあったでしょうが、ギャンブルにうつつを抜かす時間などなかったはずです。

　政敵がスキャンダルをでっち上げ、賭け事に夢中になり仕事を放り出して遊んでいるというイメージを植えつけようとしたのかもしれません。「サンドイッチ」という食べ物の名前は、モンタギューに着せられた汚名だったという可能性も捨てきれません。

サンドイッチ伯爵ジョン・モンタギューの肖像画（イギリス国立海洋博物館蔵）

** アメリカ大陸でネイティヴ・アメリカンと組んだフランスとイギリスとの戦争。イギリスが勝利しました。

silhouette
［シルエット］

フランスの財務大臣
「シルエット」

　黒い切り絵や輪郭だけを描いて中を黒く塗りつぶした絵を「シルエット」と言います。特に人物の横顔を描いたものが多いのですが、映画や写真で逆光の中で人や山並みが黒く映し出されるイメージカット、白い壁に光を当て両手でつくったキツネや鳥などに似た影を映し出す影絵、また服飾デザインで洋服の輪郭を単純な線で描いたスケッチなども同様に「シルエット」と呼ばれます。

　英語ではsilhouetteとなります。**これはフランスの政治家で作家でもあったÉtienne de Silhouette「エティエンヌ・ド・シルエット」(1709～1767)という貴族の名前に由来します。**フランス中部で生まれ、若くしてロンドンに留学しイギリスの経済学を学びます。

　フランスは「太陽王」と呼ばれた前国王のルイ14世(1638～1715)がヴェルサイユ宮殿の建設に湯水のごとく金を使い、ヨーロッパ最強とされた軍隊を率いてあちこちで侵略戦争を続けたために、国の財政も苦しくなっていました。次のルイ15世(1710～1774)も、前王と同様の拡張政策を取ったために、フランスは極度の財政難に陥っていたのです。

　シルエットが財務大臣となったのは1759年、そのルイ15世の治世でした。まさに「七年戦争」の真っただ中だったのです。ロシアとオーストリアの領土紛争に端を発し、フランスとイギリスの植民地紛争が絡んで、イギリスがプロイセンと、フランス・ドイツ・ロシアがオーストリアと同盟を結んで戦っ

た「初めての世界大戦」でした。時を同じくして、アメリカ大陸を舞台にしたイギリスとの「フレンチ・インディアン戦争」でも劣勢に立たされていました。

　そんな国家存亡の危機の時にシルエットに白羽の矢が立ったのです。財務大臣として国の経済を立て直そうと思い切った緊縮財政を推し進めます。庶民にはさらなる重税を課し、税の支払いを免除されていた貴族からも税を徴収しようとしました。当然、国中のありとあらゆる層から猛反発を受けて、たった8か月で辞職を余儀なくされてしまいます。

　シルエット自身も大変な倹約家でした。画家に肖像画を描いてもらう時にも「絵の具がもったいない」と言って、黒一色で顔の輪郭だけ描くように頼んだといいます。本人にも切り絵を作成したり、単色の絵画を家の中に飾ったりする趣味がありました。人々は元財務大臣のそんな生活と倹約ぶりを嘲笑い、*silhouette*という言葉が「ケチでしみったれた」、あるいは「不完全な安物」という意味で使われるようになったのです。でも、いまのフランス語からは、その意味は消えてしまいました。

　シルエットの倹約ぶりが人々におもしろおかしく伝わったからでしょう。18世紀末になって、silhouetteはシンプルな単色の線で描いた肖像画のことも指すようになりました。現在のような「白を背景とした黒い絵」という意味になったのは、19世紀も半ばになってからのことです。

「シルエット」のものとされる肖像画

guillotine
［ギロチン］

パリ大学医学部教授
「ジョゼフ・ギヨタン」

18世紀のフランスでは、貴族が死刑になった時には斬首刑が執行されていました。「ムッシュ・ド・パリ」と呼ばれる世襲の死刑執行人が斧で罪人の首を切り落としていたのです。しかし執行人が未熟だったり酔っ払っていたりすると、一撃で首を切り落とせず、受刑者に大きな苦痛を与えることも少なくありませんでした。

そんなこともあって、パリ大学医学部教授で国民議会議員でもあったJoseph Guillotin「ジョゼフ・ギヨタン」(1738〜1814)が、受刑者に無駄な苦しみを与えない“人道的な”処刑装置を使用するように繰り返し提唱しました。

設計を依頼されたのは、当時数多くの処刑道具を発明していたアントワーヌ・ルイという外科医でした。試行錯誤の末、罪人をうつぶせにして首を固定し、上から大きな斧のような刃を落として、一瞬のうちに首を切断するという装置が誕生します。

最初は「ボワ・ド・ジュスティス」（正義の柱）という正式名称でしたが、そのうちに設計者のルイという名前から「ルイゼット」と呼ばれるようになりました。ところが、**議会でこの斬首装置がいかに人道的であるかを訴え、導入への法整備を積極的に進めたギヨタンの方**

ジョゼフ・ギヨタンの肖像画
（カルナヴァレ美術館蔵）

が人々の記憶に残ったことで*guillotine*「ギヨティーヌ」という名前が定着してしまいます。その英語式発音が「ギロチン」です。

　ギヨタン博士は、この不名誉な呼び名に対して強く抗議しますが、改められることはありませんでした。しかたなく、彼の一族は姓を変えざるをえませんでした。

　ちょうどこの頃、フランス革命が勃発します。王室の浪費や戦費の増大による財政難をきっかけに市民が反乱を起こして王政は倒され、ルイ16世(1754〜1793)も王妃マリー・アントワネット(1755〜1793)もギロチンで首をはねられてしまいます。こうして商工業の発達により裕福になったブルジョアと呼ばれる人々が中心となって、王政に代わる共和政を実現させました。ところが共和派の中でも急進的だったジャコバン派のマクシミリアン・ロベスピエール(1758〜1794)が実権を握って恐怖政治を推し進めると、大粛清の嵐が吹き荒れます。

　ギロチンで処刑されたのは国王や王妃だけではありません。ついには恐怖政治の首謀者ロベスピエールさえも反対派に捕えられてギロチンの刃の犠牲になってしまいます。

　ギヨタン自身もギロチンにかけられたという話が伝わっていますが、実際は感染症で亡くなっています。

ゲオルク・シーヴキング作成の銅版画
「ギロチンにかけられたルイ16世」

4人のLynch「リンチ」

　日本語で「リンチ」と言うと「人目につかないところで集団で行う暴力行為」を意味します。ですが、もともとの英語のlynchは「公の法律に基づかないで私的に処罰する」ということだったのです。つまり「私刑にする」（「死刑」ではなく）ということです。ただし英語のlynchは動詞で、名詞の「私刑、リンチ」はlynchingと-ingがつきます。

　この英単語がLynchという人名からきていることは、知っている人も多いと思いますが、具体的な語源としては複数のリンチという男の名前が挙がっていて、ひとりに絞り込むのはなかなか難しいのです。

　ひとり目はWilliam Lynchというアメリカ人の大佐です。18世紀後半にペンシルヴェニア州で自警団を組織し、法律上の正式な手続きを経ずに勝手に略式の裁判で刑罰を下していました。それはlynch lawと呼ばれ、例えば絞首刑はこんなふうに執行されました。

　まず馬にまたがった"死刑囚"の両手を縛り、口いっぱいに布を詰め込みます。木の枝につないだロープを首に巻くと、リンチとその仲間は立ち去ってしまいます。馬はいつまでも木の下にじっとしてはいません。馬が動くと身体は枝の下にだらんとぶら下がります。リンチたちが戻ってくると、首を吊っ

た状態で発見されます。この時に両手を縛っていたロープを
ほどき、口に詰め込んだ布は取り除いておきました。連邦政
府の公の犯罪捜査機関がリンチとその一味に嫌疑を向けると、
「さっき会った時にはふつうに話をしていたのに、なぜ自殺な
んかしたのか全くわかりません」としらばくれたのです。

　アイルランドのゴールウェイという市の市長James Lynch
Fitz-Stephensに由来するという説もあります。15世紀末、
その市長の息子が人を殺し海に遺棄するという事件を起こし
ました。裁判官も兼務していたこのLynchは厳正に法に則っ
て息子を絞首刑にするという判決を下します。判決を覆すよ
うに説得する人もいたのですが、市長のリンチは息子の首に
ロープを巻いて自宅の2階の窓から吊るして、裁判官として
の職務を全うしたのです。

　アメリカ・ヴァージニア州のCharles Lynchという保安官
は、アメリカ独立戦争末期にイングランド支持者を拷問にか
け、「自由を永遠に」というアメリカのスローガンを叫ぶまでや
めなかったといいます。

　これもヴァージニア州でのことですが、人々からの信頼が
厚かったJames Lynchという農夫が選ばれて罪人の裁判を
行ったという記録もあります。裁判所まで遠い辺境の地だっ
たための超法規的措置でしたが、この農夫はなかなかの人格
者で、公平な裁きを行う"名裁判官"として有名になりました。

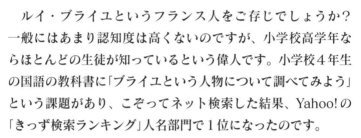

048
braille
［点字］

ルイ・ブライユ

　ルイ・ブライユというフランス人をご存じでしょうか？
一般にはあまり認知度は高くないのですが、小学校高学年な
らほとんどの生徒が知っているという偉人です。小学校4年生
の国語の教科書に「ブライユという人物について調べてみよう」
という課題があり、こぞってネット検索した結果、Yahoo!の
「きっず検索ランキング」人名部門で1位になったのです。

　1809年、パリ郊外に生まれたLouis Braille「ルイ・ブラ
イユ」(1809〜1852)は、3歳の時に誤って錐で左目を刺し、5
歳で右目も眼炎を起こして両目とも失明してしまいます。当
時は障害のある子供に教育は不必要と考えられていましたが、
聡明さを神父に認められ、村の学校に通うことになります。
目は不自由でしたが、他の生徒よりもはるかに良い成績をお
さめました。授業の内容を聞いたその場で、みんな頭に入れ
てしまったというのです。

　周囲の援助もあり、ブライユは10歳でパリ王立盲学校に奨
学生として入学します。この盲学校の生徒たちは、盛り上がっ
た線をなぞって文字の形を確認する「浮き出し文字」を使って
字を読んでいました。しかし、この文字は視覚障害者が書く
には難しく、解読するのにも時間がかかりました。

　ブライユが12歳になった頃、シャルル・バルビエという軍
人が夜間の伝令で使うための横に2つ、縦に6つの点がある
12点式の暗号を考案しました。それを一般にも広く普及させ
ようとしていたバルビエは、視覚障害者にも役立つのではない

英語になった人の名前

かと考えて、ブライユの学ぶ王立盲学校に売り込んだのです。

　盲学校で、その12点式点字が採用されることになります。ですが、点の数が多かったために、指で触って読むにも、先の尖った錐で点字を書くにも時間がかかりました。ブライユはアルファベットを表すためなら横2点、縦3点で十分だと考えて、クラスメイトたちと研究を重ね、新たに6点式の点字を考案します。これが盲学校の生徒たちからも、とても便利でわかりやすいと評判になったのです。

　やがてブライユはこの盲学校の教師となり、点字をさらに使いやすくするために改良を重ね、点字を打つ器具も開発しました。1829年には点字の解説書も発行します。

　その盲学校はパリのセーヌ川沿いにあって、もとは監獄として使われていました。湿気も多く不衛生な建物だったために、ブライユは若くして肺結核にかかり、1852年に43歳で亡くなります。フランスでブライユの点字が正式に採用されたのは、その2年後のことでした。

　世界の多くの言語で「点字」は braille となっています。英語では「ブレイル」と発音します。これは Braille「ブライユ」というフランス人の名前を英語式に発音したものです。

ルイ・ブライユの肖像画

boycott
［ボイコット］

チャールズ・ボイコット

　17世紀半ば、イギリスでは清教徒革命の嵐が吹き荒れていました。指導者オリヴァー・クロムウェルは、カトリック教徒が多かったアイルランドにも軍隊を率いて攻め込み、実質的な植民地にしてしまいます。クロムウェルは将兵たちに、給与の代わりに現地の土地を与えます。しかし彼らはそこには定住せず、不在地主としてアイルランド人の農民から小作料を取り立てながら、本国イギリスで悠々自適の生活を送ります。反対に現地の住民の多くは、ジャガイモを主食としてかろうじて生きながらえ、アイルランドはヨーロッパでもっとも貧しい国になってしまいました。

　1801年、アイルランドは正式にイギリスに併合され「グレートブリテン及びアイルランド連合王国」の一部となります。しかし、多くの農民たちは相変わらずイギリス人不在地主の小作人のままで、貧困に喘いでいました。1840年代後半、アイルランドで冷夏や長雨の影響によりジャガイモ飢饉が起こります。そこに疫病の大流行も相まって多数の死者が出ました。生活の糧を失った人々は海外へと移住します。その中には、後にアメリカ合衆国第35代大統領となるジョン・F・ケネディの祖先もいました。

　1879年、アイルランド選出の連合王国下院議員チャールズ・パーネル（1846～1891）を指導者として「アイルランド土地連盟」が結成されます。「小作権の安定」「公正な地代」「小作権売買の自由」を目指して、逮捕者が出るほどの過激な農民運動

を展開したのです。

そんな折も折、1880年にCharles Boycott「チャールズ・ボイコット」（1832〜1897）というイギリス人の退役大尉がアイルランドにやって来ます。イギリス人の不在地主から1500エーカーの土地と38人の小作人の管理を任されたのです。

その年も農産物は不作でした。ボイコットの雇い主である地主は小作料を10％下げることにしますが、農民たちは25％下げるように要求しました。しかし地主は頑として受けつけません。双方の板挟みになったボイコットでしたが、雇い主の意向を汲んで容赦ない取り立てを行います。小作料が払えない者に対しては、土地を取り上げて村から追放するという強硬手段に出たのです。

怒った農民たちは全員ですべての農作業を拒否し、ボイコットとは一切接触をしないという対抗手段を取ります。商店はボイコットに物を売ることを拒否、彼の家の倉庫に貯蔵されていた農産物も盗まれて、一家は餓死寸前になってしまいました。脅迫状も舞い込み、命を狙われる危険まで感じて、ボイコットは命からがらイギリスに逃げ帰ったのです。

本国でボイコットが新聞記者に一連の出来事を語り、センセーショナルな記事になったことで、**boycottという名前が「排斥・不買運動（をする）」「ボイコット（する）」という意味の英語になりました。ボイコットは「ボイコットされた人」**だったのです。

レスリー・ワード画「チャールズ・ボイコット」（雑誌「ヴァニティ・フェア」より）

cardigan
［カーディガン］ ／ カーディガン伯爵

　前開きで胸にボタンのついた長袖セーターをcardigan「カーディガン」と言います。**これはイギリスの貴族院議員で陸軍中将でもあった7th Earl of Cardigan「第7代カーディガン伯爵」James Brudenell「ジェームズ・ブルーデネル」(1797～1868)に由来します。**

　短気な性格で周囲とたびたび摩擦を起こしたため出世が遅れていましたが、ロシアとイギリス・フランス・トルコ連合軍が戦った「クリミア戦争」で騎兵旅団の指揮官となります。でも過激な性格は変わりません。自分の部隊に無謀な突撃を命じ数多くの死傷者を出してしまいます。ところが、それが勇敢な行為として称えられ英雄となったのです。

　負傷した兵士たちは野戦病院で痛みと寒さに震えていまし

カーディガン伯爵ジェームズ・ブルーデネル

た。傷の手当てをするには服を脱がさなければなりません。そこでカーディガンは、兵士たちが保温のために重ね着していたセーターの前の部分を縦に切り、ボタンで留めて寒さを防いだのです。

　時はあたかも産業革命の時代、この着脱が簡単なセーターは機械化により大量に生産され、「カーディガン」という名前とともに世界中に広まることになります。

bloomer
［ブルマー］ / アメリア・ブルーマー

「ブルマー」と言っても、若い人にはピンとこないかもしれません。昔、学校で女子生徒が下半身に着用した丈の短い体操着のことです。1964（昭和39）年の東京オリンピックのバレーボールで「東洋の魔女」が金メダルを獲得しました。映像をテレビで見た人もいると思いますが、その選手たちがはいていたのが、ブルマーです。

これは19世紀のアメリカの女性解放運動家Amelia Bloomer「アメリア・ブルーマー」(1818～1894)の名前に由来します。当時は女性の体をしめつけるドレスや服も多く、それを女性抑圧の象徴と考えた人もいました。そんな折、エリザベス・ミラーという女性運動家が膝下まで丈がある、ゆったりとはけるズボンを考案します。ブルーマーが雑誌「リリー」で紹介すると、多くの女性からの支持を受け、スポーツを楽しむ女性たちが着用するようになります。

日本でも明治時代に井口阿くり（いのくちあ）という教育者が留学先のアメリカから持ち帰ったことで、多くの女学校で採用されました。しかし丈が短くなると、太もも丸出しで恥ずかしいという声も上がり、1990年頃からハーフパンツやジャージを採用する学校が増えたのです。

ブルーマーが好んで着用した
ブルマーとドレスの組み合わせ

sideburns
［もみあげ］

南北戦争の「バーンサイド将軍」

「もみあげ」のことを英語で何と言うか知っていますか？こういう英単語って学校でも習いませんし、意外と難しいものです。sideburnsと言います。**これはアメリカ南北戦争の北軍のAmbrose Burnside「アンブローズ・バーンサイド」将軍(1824〜1881)の名前からきています。**

バーンサイドはウェストポイント陸軍士官学校を卒業すると、米墨戦争に参加します。「墨」とはメキシコのこと、漢字で「墨西哥」と表記しますが、この戦争はメキシコから独立したテキサス共和国をめぐる領土争いでした。勝利したアメリカはテキサスだけでなくカリフォルニアまで獲得します。

バーンサイドは一時アメリカ陸軍からは退役しますが、ロードアイランド州の州兵としての資格は維持したままでした。その間、ライフルなどを製造する武器会社を設立します。彼の名前がついた「バーンサイド・カービン銃」はその会社の主力商品でした。

南北戦争＊が勃発すると、ロードアイランド州の准将となり参戦します。さらに北軍に志願して准将となると、すぐに少将に昇格しました。顔の両サイドに豊かな頬ひげをたくわえ、背も高くて洒落たフェルト帽をかぶっていました。おまけに親しみやすい人柄でもあり、とても人気のある将軍でした。彼に憧れ、真似をしてひげを生やす兵士も多かったと言います。

しかし、軍人としての評価はあまり芳しいものではありま

＊「南北戦争」をSouth-North WarとかNorth-South Warと言っても通じません。the Civil Warと言います。「内戦」という意味です。

せん。優柔不断で決断力もなかったために多くの作戦に失敗
し、たくさんの兵士が命を落としました。彼の配下にジョセ
フ・フッカーという指揮官がいました。バーンサイドが度重
なる作戦失敗により解任されると、次の将軍に就任すること
になるのですが、彼はバーンサイドのことをバカにして命令
にもろくすっぽ従わなかったといいます。

　バーンサイドの名前がいまも残っているのは、そのひげに
特徴があったからです。日本語の「ひげ」には、いろいろな漢
字があてられます。「口ひげ」は髭、「顎ひげ」は鬚、頬ひげは
「髯」となりますが、英語でも「口ひげ」はmustache、「顎ひげ」
はbeardです。「頬ひげ」はwhiskersと言いますが、これに
は「猫・犬のひげ」という意味もあります。

　バーンサイドのひげは、頬ひげと口ひげがつながり、顎の
ところはきれいに剃ってあるという独特なものでした。その
「頬ひげ」を人々はburnsidesと呼んだのですが、そのうち

に洒落っぽくsideburnsと
順番を入れ替えて言うよう
になりました。両の頬に生
えているひげは、もともと
side whiskersと言ったの
で、同じようにsideを前に
持ってきたのではないかとも
言われています。こうして
sideburnsという単語が「も
みあげ」という意味でも、一
般の人々の間に広まって現
在にいたっているのです。

独特のひげをたくわえた
バーンサイド将軍

053
hooligan
［フーリガン］

パトリック・フーリガン

　サッカーの試合会場の内外で、大騒ぎを起こす暴徒化した集団のことをhooligan「フーリガン」と言います。**この言葉は、19世紀末にロンドンのサウスワーク地区に住んでいた無法者のアイルランド人Patrick Hooligan「パトリック・フーリガン」とその一族からきています。**実際の名前はHoulihanだったとも言われますが、もともとHolleyという苗字だったものがHooley's gang「フーリーのギャング」と呼ばれ、それがHooliganと短くなったのではないかという説もあります。

　1899年、クラレンス・ルークという作家・ジャーナリストが"Hooligan Nights"という本を書きました。当時のロンドンにおける労働者階級の人々を事実に即して描いた作品です。その本にもPatrick Hooliganという男が登場し、脅迫事件や暴力沙汰を頻繁に起こし、多くの人を負傷させた大悪党として描かれています。時を同じくして、音楽酒場でフーリガン一家の無法ぶりを嘲笑う歌も大流行していました。そんなこともあり、Hooliganという名前が「乱暴者」「無法者」とか「ならず者」「ごろつき」を意味する単語になってしまったのです。

　この「フーリガン」という言葉が、20世紀中頃からスタジアムの内外で熱狂のあまり暴力事件や破壊活動を行うサッカー・サポーターを意味するようになります。その存在が世界に知れ渡ったのは、1985年5月にベルギー・ブリュッセルのヘイゼル・スタジアムで行われたヨーロッパ・チャンピオンズ・カップでの暴動でした。

英語になった人の名前

決勝戦はイングランドのリヴァプールとイタリアのユヴェントスとの試合でした。主催者も事前に対策を練り、それぞれのサポーターの座席をゴール裏側に割り当てることにより、ゾーンを遠くに引き離したのです。ところがダフ屋が一般観客向けの席のチケットをユヴェントスのサポーターにも売ってしまいました。何とそこはリヴァプール・サポーターのゾーンの隣だったのです。

　試合前にゾーンを隔てるフェンス越しに、双方が空き缶や旗を投げ込む騒ぎになり、ついにはフェンスを破壊して両者入り乱れての大乱闘となってしまいました。逃げまどう観客は追い詰められて壁によじ登ったのですが、老朽化した壁が重量に耐えきれず倒壊、多くの観客が下敷きになり、39人が死亡し400人以上が負傷するという大惨事になってしまいました。

　この暴動をテレビで見ていたイギリスのサッチャー首相は、リヴァプール・サポーター側に非があったことを認め、イタリア政府に謝罪、犠牲者の遺族に見舞金を支払いました。エリザベス2世はイタリアとベルギーの両国に弔意を示すメッセージを送りました。

　この事件は、スタジアムの名前から「ヘイゼルの悲劇」と呼ばれています。

「フーリガン」の名が世界に知れ渡った
ヘイゼルの悲劇

054

Fahrenheit
［華氏］

ガブリエル・ファーレンハイト

　16世紀末、イタリアの天文学者で物理学者でもあったガリレオ・ガリレイ(1564～1642)が、空気が温度と気圧によって膨張したり収縮したりすることを利用して温度計をつくりました。18世紀になると、さらに科学が発展して、より正確に温度を測る器具が必要となります。

　ドイツ人の物理学者 Gabriel Fahrenheit「ガブリエル・ファーレンハイト」(1686～1736)は、自分で測ることのできた屋外の最低気温を0度、自分自身の体温を100度、さらに水の氷点を32度、沸点を212度と定め、その間を180等分して1度とする温度計を発明します。**それが「華氏温度計」「華氏目盛り」で、英語では発明者の名前からFahrenheitと言います。**頭文字を用いた℉が単位です。日本語の「華氏」は、ファーレンハイトの中国語の音訳「華倫海特(ホワルンハイトウ)」からきています。

　アメリカではふつう温度を華氏で表しますが、日本では「摂氏」(p114)が使われています。華氏から摂氏への温度の換算には、いろいろな公式があるのですが、「(華氏温度－32)÷1.8」がいちばん簡単です。でも、いちいち計算するのは面倒だと

ガブリエル・ファーレンハイト
を描いた挿絵

いう人もいるでしょう。大雑把に言えば、華氏60度が摂氏15.6度で過ごしやすい日、華氏90度が摂氏32.2度で真夏の日中、華氏100度が摂氏37.8度で真夏の猛暑日か風邪を引いた時の高熱と覚えておくと便利です。

　1953年にアメリカの作家レイ・ブラッドベリが発表した"Fahrenheit 451"（邦題『華氏451度』）というSF小説があります。舞台となった架空の町では読書と本の所持が法律で禁止されていて、見つかった人は逮捕されます。本によって有害な情報がもたらされ、社会の秩序が損なわれるというのが、その理由です。主人公は本の所有者を逮捕し、本を焼却するという仕事をしているのですが、徐々に疑問を感じるようになるという話です。華氏451度とは紙が燃える温度なのです。

　アメリカのロックバンド、ボン・ジョヴィが1985年にリリースしたアルバムは"7800° Fahrenheit"というタイトルでした。華氏7800度はrock「岩」をも溶かす温度なのです。

　マイケル・ムーア監督の"Fahrenheit 9/11"という映画もありました。日本でのタイトルは「華氏911」。アメリカ同時多発テロとその後のブッシュ大統領の対応を批判したものでしたが、日本語版には「それは自由が燃える時間」というキャッチーなサブタイトルがついていました。

　イギリスのロックバンド、クイーンの"Don't Stop Me Now"（詞・曲 Freddie Mercury）という曲があります。ヒット曲ですから知っている人も多いと思いますが、この歌にもFahrenheitという単語が出てきます。"I'm burnin' thru the sky / Two hundred degree / That's why they call me Mr Fahrenheit"「俺は空を飛んで燃えている。200度だ。だからみんな俺をミスター・ファーレンハイトと呼ぶんだ」

055

Celsius
［摂氏］

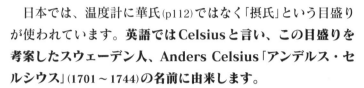

アンデルス・セルシウス

日本では、温度計に華氏(p112)ではなく「摂氏」という目盛りが使われています。**英語ではCelsiusと言い、この目盛りを考案したスウェーデン人、Anders Celsius「アンデルス・セルシウス」(1701～1744)の名前に由来します。**

天文学者だった父親の影響を受け、自身も大学で天文学の教授となったセルシウスは、オーロラの観測を行ってオーロラが発生すると地球の磁場も変化することを発見します。さらにスウェーデンのラップランドを探検して正確な子午線の長さを測定し、地球は南北よりも赤道の周囲の方が長いことがわかりました。

しかし、セルシウスの名前が現在に伝わっているのは、天文学者としてではなく「100分目盛りの温度計」を考案したからです。最初は「水の沸点が0度、氷点が100度」でした。よく読んでください。「沸点が0度、氷点が100度」です。これは現在の摂氏の目盛りと反対です。これでは現在の「マイナス40度」が「140度」になってしまいます。なぜ「氷点を100度」にしたかと言うと、気温をマイナスで表示したくなかったからだそうですが、でもそうなると、目盛りの数値が低かったら暑くて、高かったら寒いということになります。

だからなのでしょう、セルシウスの死後に「氷点0度、沸点100度」という目盛りに改良されて、現在にいたっています。もしそのまま変わらなかったら、感覚的に大混乱を起こしていたでしょうし、使い勝手も悪くて日本でも採用されていな

かったかもしれません。

　華氏から摂氏へ温度を換算するには「(華氏温度－32)÷1.8」という公式がありますが、逆に摂氏から華氏を導き出す場合には「(摂氏温度×1.8)＋32」で計算することができます。セルシウスの名前は中国語の音訳で「摂爾修斯」となります。そこから日本でも「摂氏」と呼ぶようになりました。

　英語ではCelsius以外にcentigradeも使います。両方とも最初はCなので「℃」という単位で表します。centigradeはもともとフランス語です。氷点と沸点の間を100分割したので、このように呼ばれることになりました。フランス語で「100」を意味するcentと「等級」という意味のgradeが結合した言葉です。

　世界共通の「単位」を決定する「国際度量衡総会」という国際会議があります。電気関連の「アンペア」「ワット」などの単位を決めたり、「1リットルは水1キログラムの体積」と正式に定義したりした会議ですが、1948年の総会で「摂氏温度」の正式名称をCelsiusとすることが決定されました。centigradeだと長さの単位centimeter「センチメーター」と最初が同じcenti-で混乱するのではないかと懸念したからだとも伝えられますが、やはりセルシウスの偉業を称えて、その名を後世に残そうという考えもあったのかもしれません。

オロフ・アレニウス画
「アンデルス・セルシウスの肖像」

mesmerize
［催眠術をかける］　／　フランツ・メスマー

　18世紀末のオーストリアにFranz Mesmer「フランツ・メスマー」＊（1734〜1815）という医師がいました。ドイツに生まれ、ウィーン大学で医学を学んで「人体への惑星の影響について」という博士論文を書きます。「天体には磁気で満ちた流体が存在していて、それが地上の人間の神経や精神に作用している」と考え、「磁気の正常な流れが体内で妨げられることで、人は病気になる」と主張しました。

　開業したメスマーは患部に磁石を当てるという治療を始めます。そうすることで体内から悪い流体が吸い出され、大気や天体に戻っていくと考えたのです。ヒステリー発作を起こした女性患者に鉄分を含んだ薬を飲ませ、身体のあちこちを磁石でさすったりもしました。患者は体内に不思議な体液の流れを感じたと言い、間もなく症状は治まりました。

　次第に人間の体内にはもともと磁気があり、手を身体の悪い部分にかざしたり、悪い部分をさすったりするだけで、病気の治療が可能になると考えるようになります。その「体内に存在する磁気」のことを「動物磁気」と呼びました。

　しかし、このような医学とはかけ離れたオカルト的な治療は、ウィーン大学医学部の反感を買い、逃げるようにパリに向かいます。フランス革命前夜のパリの人々は、メスマーの神秘的な理論を好意的に迎え入れました。

　メスマーはサロンのような豪華な部屋で患者がリラックスできるように部屋を暗くして静かな音楽を流すと、彼らがとら

＊日本では「メスメル」とも言います。英語では「メズマー」と発音します。

われている不安や苦しみについて容赦ない質問を早口でぶつけます。患者はしばしば気を失ったり発作に見舞われたりしましたが、終わると気持ちがスッキリしました。このように"先進的な"治療が新聞でも大々的に取り上げられると、どんどん世間の注目を浴びるようになります。

彼のもとには貴族や資産家、芸術家など多くの上流階級の人々が押しかけて、治療を受けるようになりました。しかし、その成功は同業の医者や知識人たちの嫉妬と反発を招き、「大衆を惑わすいかさま」として批判されたのです。

メスマー自身も次第に自分をコントロールできなくなり、医学的な治療というより魔術的な方向へと思想を深めていきます。果たしてメスマーは「いかさま師」なのか「偉大な発見をした医師」なのか？　その評価は、現在でも分かれています。ですが、世界で初めて精神世界への扉を開き、催眠療法の先駆者になったことで、後にオーストリアの心理学者ジークムント・フロイト(1856〜1939)の思想にも大きな影響を与えることになります。

こうして彼のMesmerという名前からmesmerize「催眠術をかける」** という英単語が生まれます。発音は「メズメライズ」。例えば「彼は催眠術にかかった」はHe was mesmerized.と言います。「催眠術」はmesmerism、「催眠術師」はmesmeristです。

他にも「魅了する」という意味があります。I was mesmerized by her smile.と言ったら「私は彼女の微笑みに魅了された」ということになります。

フランツ・メスマーの肖像画

** 英語の「催眠術をかける」には、他にhypnotize「ヒプノタイズ」があります。「催眠術」はhypnotism、「催眠術師」はhypnotistです。

「愛国主義者」という英語

patriot、nationalist、jingoist、chauvinistなど、英語には「愛国主義者」という意味の単語がいくつかあります。

patriotは「同郷の人、同国人」を意味するギリシア語の*patriōtēs*「パトリオーテース」、ラテン語の*patriōta*「パトリオータ」から生まれた英語です。テレビのニュースでも時々「パトリオット」という言葉を聞くと思いますが、これはアメリカ軍の「地対空ミサイル」のことで、発音は「ペィトリアット」となります。アメフトにもマサチューセッツ州を本拠地とするNew England Patriotsというチームがあります。nationalistは「国家主義者、国粋主義者」のことで、ラテン語で「民族、国民」という意味の*nātiō*「ナーティオー」に由来します。

jingoistとは「好戦的愛国主義者」のことです。これはもともと手品師が何かを取り出す時の言葉でした。Hey jingo!で「それ、出てこい！」を意味したのです。1877年のロシアとトルコの「露土戦争」に派遣されたイギリス軍の心意気を示す歌にも "by jingo" というフレーズがありました。「いっちょ本気でやってやる」といった意味です。この歌から「好戦的愛国主義」のことをjingoismと言うようになります。

最後のchauvinistは、ナポレオン1世時代のフランス陸軍兵士Nicolas Chauvin「ニコラ・ショーヴァン」の名前からき

ていると言われています。18歳で陸軍に入隊したこの男はナポレオンの熱狂的崇拝者で、多くの武勲を立てたものの、あまりにも勇敢すぎたために17回も負傷して身体に障害を負ってしまいました。ナポレオンは、その功に報いるために名誉のサーベルや勲章、多額の年金を与えたと言われています。このChauvinの名前から、フランス語経由でchauvinist「熱狂的愛国主義者」という英語が生まれました。「熱狂的愛国主義」ならchauvinismです。

　この単語は英語になって「性差別主義者」という意味が加わります。male chauvinistは「男性優越主義者」、female chauvinistなら「女性優越主義者」です。ある和英辞典では「亭主関白」がchauvinistic husbandとなっていました。「男性優位思想を持つ夫」ということです。

　ところが最近、Nicolas Chauvinは実在していなかったのではないかという説も出てきています。確たる歴史的証拠もなく、フランスの第一共和政と帝政時代における熱狂的なナポレオン崇拝主義の中で創作された架空の人物ではないかというのです。ショーヴァンがワーテルローの戦いに親衛隊の一員として参加したという話があるのですが、親衛隊は古参近衛隊とも呼ばれベテラン兵を中心に構成されていました。ショーヴァンは若すぎて親衛隊員にはなれなかったはずですし、幾多の戦闘で負傷していたためにワーテルローの戦いに参加できるような頑健な身体ではなかったのではないかと言われているのです。

teddy bear
［テディベア］／セオドア・ルーズヴェルト大統領

「熊のぬいぐるみ」を英語でteddy bearと言います。**これはアメリカ合衆国の第26代大統領Theodore Roosevelt「セオドア・ルーズヴェルト」(1858〜1919)の名前からきています。Teddy「テディ」はTheodoreの愛称です。**

ルーズヴェルトはハーヴァード大学を卒業してニューヨーク州選出の下院議員になりますが、夫人を亡くし失意の中でしばらく牧場経営に携わります。心の傷が癒えると、今度は海軍省に入って海軍次官となり、スペインとの米西戦争が勃発すると、職を辞して義勇兵を率いて戦い国民的な英雄になります。

その人気を背景にニューヨーク州知事を務めた後、副大統領になったのですが、1901年にマッキンリー大統領が暗殺されてしまい、ルーズヴェルトは史上最年少の42歳＊で大統領となります。国内では大企業の独占を規制し自然保護運動を促進し、外交ではパナマの独立を支援してパナマ運河を完成させました。また日露戦争の停戦を仲介した功績でノーベル平和賞を受賞しています。アメリカでしばしば行われる歴代大統領ランキング調査では、いまでも常に上位に選ばれています。

ルーズヴェルトのいちばんの趣味は狩猟でした。1902年の秋、休暇でミシシッピー州の森に熊狩りに出

セオドア・ルーズヴェルト
大統領

＊ジョン・F・ケネディが大統領になったのは43歳でした。

かけたのですが、なかなか獲物を仕留めることができません。同行したハンターがやっとのことで猟犬に追われ傷ついた子熊を追い詰めます。大統領に最後の1発を撃つように言ったのですが、「瀕死（ひんし）の動物を撃つのは狩猟の精神に反する」と言って撃つことを拒否しました。

　この狩猟には新聞記者も同行していました。翌日、その話を「ワシントン・ポスト」が漫画入りで記事にします。漫画には、撃つことを拒絶する大統領と可愛（かわい）らしい子熊が描かれていました。これにヒントを得たニューヨークのおもちゃ屋の主人が毛でふわふわした熊のぬいぐるみをつくり、新聞記事と一緒にショーウィンドーに飾ったところ、たちまち人気となりました。しまいにはルーズヴェルトの許可を得て "Teddy's Bear" という名前をつけて大々的に売り出したのです。

　ちょうどこの頃、ドイツの「シュタイフ」という会社も熊のぬいぐるみの製造を始めていました。1904年のライプチヒ見本市に出品すると注文が殺到してシュタイフ社は世界的なテディベアのメーカーとなります。「ワシントン・ポスト」の漫画家は、すでにドイツから輸入されていたシュタイフ社の熊のぬいぐるみを真似て子熊を描いたという説もあり、アメリカが先かドイツが先か、諸説入り乱れていまだに決着がついていません。

「ワシントン・ポスト」（1902年11月16日）に掲載された漫画

groggy
［グロッキー］

イギリス海軍の
「グロッグ提督」

英語になった人の名前

　ボクシングでパンチを食らってフラフラになった状態のことを「グロッキー」と言います。酔っ払ってへベレケになったり、疲れ果てて動けなかったりする時にもこの言葉を使います。これは英語のgroggyからきています。ですから、本当は「グロッキー」ではなく「グロッギー」なのです。

　18世紀、長期の航海では水が腐ってすぐに飲めなくなってしまうため、イギリス海軍では日持ちのするラム酒を船に積み込んで水兵たちに配給していました。ところが、すぐに飲まずに数日分をため込み、大量に飲んで前後不覚になる船員が続出します。海軍提督のEdward Vernon「エドワード・ヴァーノン」(1684～1757)は一計を案じ、ラム酒に水を混ぜることにしました。これが水兵の間ではすこぶる評判が悪かったのです。

グロッグ提督の肖像画
（イギリス国立肖像画美術館蔵）

　ヴァーノンはいつも絹と毛を織り交ぜたgrogramという粗い布のコートを着ていたことから、"Admiral Grog"「グロッグ提督」というニックネームで呼ばれていました。**水割りのラム酒も嘲笑的にgrog「グロッグ酒」と呼ばれるようになり、groggyが「grogを飲んで酔っ払った」から「フラフラになる」というふうに意味が広がることになったのです。**

III

興味深い英語の病名

英語の病名も語源をたどってみると、昔の人が「原因や症状をどのように考えていたのか」「どんなふうに恐怖を感じていたのか」がよくわかります。

「梅毒」の英語名は神様の罰で悪性の皮膚病にかかった羊飼いの名前に由来します。占星術では、蠍座（さそりざ）に天体が集中した時に流行するとされていました。

アルブレヒト・デューラー画「梅毒患者」

influenza
［インフルエンザ］

星の影響で発生する
「**疫病**」

　英語のinfluenceは名詞では「影響」、動詞では「影響を与える」という意味です。ラテン語で「中に流れ込むこと」という意のinfluentiaからきています。

　昔からヨーロッパでは「星から発せられる霊的な流体が人間の体内に入り込み、人の心や運命に影響を与える」と考えられていました。このinfluentiaという言葉は、そんな「星の超自然的な力」、つまり「星の影響」を意味していました。要するに「占星術用語」だったのです。これが16世紀になると英語でinfluenceとなり、星とは関係のない「影響」とか「影響力」という意味になりました。

　ヨーロッパではペストや発疹チフス、コレラ、赤痢などの疫病がしばしば大流行しました。人々はそんな疫病の大流行も「星からの霊的な流体が身体(からだ)に悪い影響を及ぼしたからだ」と考え、占星術師は「天の星の配列が悪いからだ」と占いました。**そんな星の影響による「疫病の勃発」のことをinfluenza「インフルエンザ」と呼ぶようになったのです。ところが、この言葉から徐々に「勃発」というニュアンスが消え、単に「疫病」のことだけをinfluenzaと言うようになります。**

　この言葉が現在のように、「インフルエンザ」という特定の病名を意味するようになったのは1743年のことでした。イタリアで風邪が大流行し、ヨーロッパ中に広がって多くの人が亡くなったことがきっかけです。現在では短くfluとも呼ばれますが、これはもちろんinfluenzaの短縮形です。日本語では「流

行性感冒」、略して「流感」と言います。

　1918年から1919年にかけて大流行したインフルエンザが Spanish flu「スペイン風邪」です。全世界で6億人が感染し、死亡者数は5000万人に及んだと推定されています。発生源はアメリカ陸軍のカンザス州ファンストン基地。1000人もの兵士が次々と発熱、頭痛、喉の痛みを訴え、アッという間にアメリカ中の基地に広がります。時はあたかも第一次世界大戦。数多くのアメリカ兵が輸送船にすし詰め状態になり大西洋を渡ってヨーロッパ戦線に向かいますが、兵士が次々に倒れて船内はパニックになります。

　アメリカ兵の多くは、フランスとドイツの国境にあった塹壕地帯に送られました。塹壕の中は兵士が密集し、空気も悪く湿気も高い劣悪な衛生状態だったために、ウイルスが拡散されることになります。しかし戦争中で報道管制が敷かれていたために、インフルエンザの蔓延は軍事機密とされ、外に漏れることはありませんでした。

　スペインだけは、中立国だったために報道管制を敷いていませんでした。首都マドリッドで8万人が感染し、さらに国王アルフォンソ13世も罹患したというニュースが世界中に流れると、報道はどんどん過熱します。こうしてスペインは Spanish flu「スペイン風邪」というありがたくない名前を頂戴することになってしまったのです。

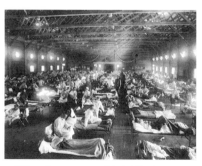

多数のインフルエンザ患者が収容された
ファンストン陸軍基地の病院

cancer
［がん］

　人間の体内にはおよそ37兆の細胞があると言われています。正常な状態では細胞数が一定に保たれていて、急激な分裂や増殖をしないようにコントロールされていますが、細胞の遺伝子に何らかの異常が起きると、細胞が増殖してしまうことがあります。そのような増殖した細胞の塊のことを英語でtumor「腫瘍」と言います。

　その腫瘍の中でも、まわりの細胞に侵入して増殖したり離れた場所に飛び散ったりして、身体の正常な働きを妨げたり機能を停止させたりするものを「悪性腫瘍」と言います。それが「がん」、英語のcancerなのです。

　このcancerは、古代ギリシア語で「カニ」という意味のkarkinos「カルキノス」からきています。古代ギリシアのヒポクラテス（前460頃〜前370頃）という医師は、実際に乳がんの病巣を切り取り、その跡を火で焼いてがん細胞の広がりを抑えたとも言われています。その病巣をよく観察すると、血管やリンパ管が放射状に伸びてカニが脚を伸ばしたような形をしていました。カニは多くの脚を持つ節足動物で、悪魔的なイメージもあります。悪性のがんにかかって身体が蝕まれ苦しんでいる患者の姿を見て、ひょっとしたら悪魔の仕業かもしれないと考えたとしても不思議ではありません。

　「がん」という英語にはもうひとつ、carcinoma「カルシノーマ」＊があります。医学の専門家だけが使う難解な用語ですが、これもギリシア語の「カニ」、karkinosからきているのです。

＊日本の医療現場では「カルチノーマ」と呼んでいます。

スペリングを見れば一目瞭然です。

帝政ローマ時代には、ギリシアの医学者ガレノス(129頃〜200頃)が「がん」をcancer「カンケル」と呼びました。これも「カニ」のことでした。ガレノスは「がん」を「硬い悪性の腫瘍」と定義し「動物のカニになぞらえて名前をつけた」と書き残しています。病巣の形だけでなく硬さからも「カニの甲羅」を連想したのです。「がん」は漢字で「癌」と書きますが、これは「岩のように硬い腫れ物」という意味です。

cancerに似た英単語にcanker「カンカー」があります。これも語源は同じラテン語のcancerで、もともと「がん」という意味だったのですが、現在では「口内炎」や「潰瘍」という意味だけで使われています。

ドイツ語では「がん」はKrebs「クレープス」と言いますが、この単語には「カニ」という意味もあります。つまり「がん」と「カニ」が同じ単語なのです。英語では「カニ」はcrabと言います。古英語で「引っ掻く」という意味のcrabbaに由来します。現在の英語ではcancerは病気の「がん」、crabは海や川に住む生物の「カニ」と意味が分かれているのですが、ひとつだけ例外があります。CancerにもCrabにも西洋占星術の「蟹座」という意味があるのです。

「あなたは何座ですか?」は英語でWhat is your star sign?と言います。外国人と会話をしている時に話題がなくなっても、こういう表現を知っていると便利なので、ぜひ覚えてください。「私は蟹座です」と言いたいなら、I'm a Cancer.でもI'm the Crab.でもOKです。

plague
[ペスト]

／ギリシア語の「一撃」

　アメリカ人やイギリス人に「ペスト」のことをpestと言っても通じません*。日本語の「ペスト」はドイツ語のPestからきているためです。日本の医学は主に明治時代にドイツからもたらされました。ですから病名などの医学用語にはドイツ語が使われることが多いのです。フランス語でもpesteと言います。ノーベル文学賞作家アルベール・カミュの『ペスト』の原題は"La Peste"です。どちらもラテン語のpēstis「疫病」に由来します。

　英語で「ペスト」のことはplague「プレイグ」と言います。「一撃、打撃」という意味のギリシア語のplāgā「プラーガー」が語源となっています。ラテン語もplāga「プラーガ」で、「打撃」から「傷」とか「災難」という意味が生まれ、一般的な「疫病、伝染病」となって、「ペスト」という特定の病気の名前になりました。

　ペストはヨーロッパで何度も大流行して、多くの人の命を奪った疫病です。もともとはネズミなどの齧歯類（げっし）がかかる病気でした。ペストに感染したネズミの血を蚤（のみ）が吸い、その蚤が人間の血を吸うとペスト菌が人間の体内に入ってきます。すると高熱や激しい頭痛やめまいが生じ、精神の虚脱や錯乱を招きます。感染した血液が体内を巡ると敗血症を起こし、皮膚のあちこちに黒い斑点が出て死に至ることから、Black Death「黒死病」とも呼ばれるようになったのです。

　もともとは中国南部などで流行した風土病でした。それがヨーロッパまで広がったのは、モンゴル帝国の領土拡大に原因があったと言われています。モンゴルの騎馬兵は、アジア

＊英語にもpestという単語はあるのですが、「害虫」とか「厄介者、迷惑な人」という意味で使われています。

からヨーロッパにいたる大草原を縦横無尽に駆け巡りました。こうした人の移動に伴い、蚤もネズミも生息域を広げペストがヨーロッパまで広がっていったのです。

ペストは空気感染でもうつる感染症です。特別な治療法もなく、患者はただただ死を待つしかない"死の病"でした。そのためにヨーロッパでは奇妙な民間療法も流行します。教会の鐘が鳴り街にペストの襲来が告げられると、人々は家から飛び出して踊り狂いました。集団舞踏は厄災を防ぐために有効だと信じられていたのです。「病気は悪い血が起こす」として血を抜いてお金を稼いだ偽医者や、一角獣（ユニコーン）の角（つの）が効くと言ってサイの角の粉末を高く売りつけた薬売りもいました。ペストを治療する医師は予防のために、特別のマントを羽織り、ゴーグルで目を覆い、くちばしのついた鳥の仮面をかぶりました。この先の尖（とが）ったマスクの中にはハーブや香辛料が詰まっていて、現代医学の見地からしても理にか
なった予防法だったと言われています。

ペストの流行は船の入港によってもたらされることも多く、港の沖で「40日」の間待機し、船上で感染が発生していないことが確認されて初めて上陸が許されました。「40」をイタリア語でquaranta、フランス語ではquaranteと言いますが、英語の「検疫」、quarantineはこの「40」からきています。

ペスト患者の治療にあたった医師を描いた版画

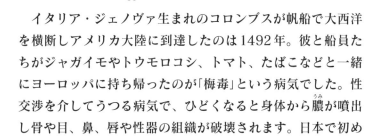

syphilis
［梅毒］

羊飼いの美少年
「シフィルス」

興味深い英語の病名

イタリア・ジェノヴァ生まれのコロンブスが帆船で大西洋を横断しアメリカ大陸に到達したのは1492年。彼と船員たちがジャガイモやトウモロコシ、トマト、たばこなどと一緒にヨーロッパに持ち帰ったのが「梅毒」という病気でした。性交渉を介してうつる病気で、ひどくなると身体から膿（うみ）が噴出し骨や目、鼻、唇や性器の組織が破壊されます。日本で初めて記録されたのが1512（永正9）年といいますから、コロンブスのアメリカ到達から20年しかたっていませんでした。

英語ではsyphilis「シフィリス」と言いますが、syph「シフ」と略されることもあります。語源的には「sym（ともに）＋philos（愛する）」ということなので、昔の人も性交渉によってかかる病気だということが感覚的にわかっていたのかと思っていましたが、そうではありませんでした。1530年、イタリア人の医師で詩人でもあったジローラモ・フラカストロがラテン語で"Syphilis sive Morbus Gallicus"「シフィリス、あるいはガリア＊病」という詩を書きます。その中にSyphilus「シフィルス」という羊飼いが登場します。**この美少年は日照りが続き、羊の餌である牧草が枯れたために太陽神のアポロンに悪態をつき、罰で悪性の皮膚病にかかってしまいます。その名前から「梅毒」をsyphilisと呼ぶようになりました。**

それまで梅毒はいろいろな名前で呼ばれていました。性愛の神キューピッドが引き起こす病気ということでCupid's disease「クピドの病」、あるいはBlack Lion「黒いライオン」。

＊「ガリア」は古代ローマ帝国の属国で、現在のフランスのことです。

他にもイタリアやドイツでは「フランス病」、フランスでは「イタリア病」、オランダでは「スペイン病」、ロシアでは「ポーランド病」などと呼んでお互いを罵り合っていたのです。great poxとも呼ばれました。初期症状がそっくりだったsmallpox「天然痘」と区別するためです。

　もうひとつ、梅毒には「ナポリ病」という異名もありました。1495年にフランス軍がナポリを包囲して攻め込んだことをきっかけに、初めてヨーロッパ中に蔓延したからなのですが、それだけが理由ではありません。18世紀、イングランドでは貴族の子弟たちが教育の仕上げとしてヨーロッパ中を旅してまわるthe Grand Tour「大陸巡遊旅行」という習わしがありました。彼らは当然ナポリにも立ち寄ったのですが、ここにはヨーロッパ随一の娼婦街があり、梅毒にかかって命を落とす若者も少なくありませんでした。See Naples and die.「ナポリを見て死ね」という諺がありますが、これは「ナポリに行って梅毒にかかって死ね」という意味だったという珍説もあるのです。

　ヨーロッパでは聖職者の間で、梅毒が空気感染なのか、接触感染つまり性交渉によってうつる病気なのかが盛んに議論されました。結論は「空気感染」ということに落ち着きました。「梅毒は修道院でも発生している。だから性交渉を介した病気であるはずはない」というのが、その理由でした。

　「梅毒」という日本語の病名は中国語の「楊梅瘡」からきています。「楊梅」とは「ヤマモモ」、「瘡」は「できもの」のことです。発疹の広がりが「ヤマモモ」に似ていたことからできた病名ですが、いつの間にか「楊」が取れて「梅瘡」となり、それが「梅毒」となったのです。

cholera
［コレラ］

胆汁

　「コレラ」は、毒性のあるコレラ菌で汚染された水や食べ物を口にすることで起こる感染症です。この細菌はふつうなら胃酸によって死滅してしまうのですが、大量に取り込んでしまうと小腸にまで達して増殖し毒素をつくります。その毒素が腸壁の細胞に侵入すると、激しい下痢と嘔吐（おうと）を繰り返し、著しい脱水症状を引き起こします。重症になると、身体に痙攣（けいれん）が起こり、毛細血管が破裂し皮膚の色もどす黒くなります。心臓付近の圧迫感と痛みも耐えがたいものになり、血圧が低下して最後には脈拍もなくなってしまいます。急激に悪化する病気で、最初の微（かす）かな兆候を感じてから死亡するまでたった数時間ということも珍しくなかったといいます。

　古代ギリシアの医師ヒポクラテスやローマ時代のギリシア人医学者ガレノスは「四体液説」という理論を唱えました。人間の身体には「血液」「粘液」「黒胆汁」「黄胆汁」という4種の体液が流れていて、その割合によって人の性格が決まると考えたのです。血液が多い人は「楽天的」、粘液の多い人は「鈍重」、「黒胆汁」の多い人は「陰鬱」、「黄胆汁」の多い人は「短気」で、その体液のバランスが崩れることで病気になると主張しました。

　そんな体液のひとつ「黄胆汁」をギリシア語で*kholē*、ラテン語で*chole*と言いました。**食中毒や消化不良などによって下痢をすると、便と一緒に米のとぎ汁のような体液が排出されます。それが「黄胆汁」と考えられ、激しい下痢を伴う病をギリシア語で*kholera*、ラテン語で*cholera*と呼ぶようになった**

のです。**これが英語のcholera「コレラ」の語源です。**

　コレラはもともとインドの風土病でした。しかし19世紀に入ってヨーロッパ人が大勢インドを訪れるようになると、アッという間に感染が広がります。イギリスに「パンチ」という雑誌があり、1852年9月号には "A Court for King Cholera" と題する風刺画が掲載されました。「コレラ王の宮廷」と訳されますが、コレラに汚染されたロンドンの下町の劣悪な住環境を描いた絵です。英語のcourtには「宮廷」以外に「路地裏」という意味もあるのです。

　1854年、まさにそのロンドンでコレラが発生した時、ジョン・スノウ（1813～1858）という医師が感染源はひとつの井戸の水であることを突き止めました。1884年にはドイツ人の細菌学者ロベルト・コッホ（1843～1910）が顕微鏡を用いて、この疫病の原因がコレラ菌であることを発見します。現在では治療法も確立したことで、先進国では発生することが少なくなりましたが、全世界では患者は毎年数百万人、死者も数万人に及んでいます。

　コレラは日本でも江戸時代に大流行しました。長崎の出島にいたオランダ商人によって「コレラ」という病気であることが伝えられると、民衆はそれを「コロリ」と呼び、「虎狼狸」などという漢字をあてはめました。「コロリと死んでしまう」からです。

「コレラ王の宮廷」。イギリスの雑誌
「パンチ」収載の風刺画

malaria
[マラリア]

/ 悪い空気

古代都市ローマはテヴェレ川の東側にある7つの丘を中心に建設が進みました。なぜかと言うと、低地にある川辺の湿地帯には「悪い空気」が漂っていて、人体に悪影響を及ぼしていると考えられていたからです。昔はインフルエンザは天体から発せられる霊気によって流行し、風疹も風が運ぶ病気だとされていました。「腐った空気」が病気を引き起こすと信じたとしても無理はありません。

malaria「マラリア」という病名は、イタリア語のmala aria「悪い空気」からきています。マラリアの研究をしたフランチェスコ・トルティというイタリア人医師がこの病名を使ったとされています。しかし体調が悪くなる原因は、もちろん「悪い空気」ではありません。水辺ではボウフラが湧き、病原体を媒介する蚊が大量に発生したからです。

1880年にフランスの病理学者シャルル・ラヴラン(1845～1922)が、この病気が「マラリア原虫」という単細胞生物によって引き起こされることを突き止めました。そのマラリア原虫を媒介するのが熱帯に生息する「ハマダラカ」という蚊だったのです。翅に白と黒のまだら模様があることからつけられた名前です。英語ではanophelesと言い、ギリシア語のan-「否」とophelos「利益」が結合したもので「無益な」「有害な」という意味です。

この蚊が人を刺し、マラリア原虫が赤血球の中に入り込むと、ヘモグロビンを破壊して、さらに次の赤血球に乗り移る

ということを繰り返します。すると発熱、頭痛、嘔吐を引き起こし、重症になると錯乱し痙攣発作を起こして、昏睡状態になり呼吸障害に陥って命を落としてしまうのです。

　中国では1000年以上前から植物のヨモギが薬草としてマラリアに効くと言い伝えられていました。南米に生える「キナ」という木の樹皮にも抗マラリア作用が確認され、17世紀に宣教師によってヨーロッパにもたらされます。その成分は「キニーネ」と呼ばれ、マラリアの治療薬・予防薬として効果を発揮しました。その後も新しい治療薬が開発され、殺虫剤も普及したことで、先進国ではかなりまれな病気になっています。しかし、アフリカの熱帯地域を中心に毎年数十万人が命を落としていますから、いまだに“死に至る病”として恐れられています。最近のことですが、ある日本の企業が「蚊帳」をつくってアフリカに輸出し、マラリアの感染を劇的に抑えているというニュースも流れました。

　アフリカ系の人の中にはマラリアにかからない人が一定の割合でいると言われています。「鎌状赤血球貧血症」という遺伝病のある人です。赤血球は酸素を体中に運ぶ役割を担っているのですが、三日月形の鎌のような形をしていると細い毛細血管をスムーズに流れません。ですから、酸素を身体の隅々まで運ぶことができず、すぐに貧血になってしまいます。

　しかし、この病気の人はマラリアにかかりにくいという体質を持っているのです。鎌形の赤血球は脆くてマラリア原虫が侵入するとすぐに壊れてしまいます。マラリア原虫自体も死滅してしまい、人の体内で増殖することができなくなります。「鎌状赤血球」は、アフリカで長い間マラリアと戦って生き抜いてきた人々の“勲章”と言えるのかもしれません。

tuberculosis

［結核］

　「結核」は英語でtuberculosis、略してTBと言います。結核菌が肺に入ると、体内の免疫機能が働き、肺の内側の壁の一部が隆起して直径1〜5㎝くらいの「こぶ」ができます。その「こぶ」のことを日本語の医学用語で「結節」、英語ではtuberあるいはtubercleと言います。**tuberculosisとは「結節ができる病気」という意味です。**

　ふつう結核菌は免疫作用によって封じ込められますが、高齢だったり、体調を崩していたり、栄養状態が悪かったりして免疫力が衰えていると肺の中で増殖します。感染者は倦怠感を覚え、咳や痰が出て発熱などの症状が起こります。最初は風邪の症状に似ていますが、良くなったり悪くなったりが2週間以上続きます。悪化すると大量に血を吐いたり、呼吸困難になったりして死に至ります。

　日本では明治の初めまで「労咳」と呼ばれました。新撰組の若き天才剣士、沖田総司もこの病気で亡くなったと言われています。昭和20年代までは日本人の死亡原因の1位で"不治の病"と呼ばれていました。咳やくしゃみをした時の飛沫からも空気感染するので、患者は長期間の隔離を余儀なくされました。そんな結核療養所を「サナトリウム」と言い、そこを舞台とした小説に堀辰雄の『風立ちぬ』やドイツの作家トーマス・マンの『魔の山』などがあります。

　1882年にはドイツの細菌学者ロベルト・コッホが結核菌を発見*し、1890年に結核菌を培養してつくった「褐色の透明な

---

*コッホは「結核菌」以外にも「炭疽菌」「コレラ菌」を発見し、1905年にノーベル生理学・医学賞を受賞しました。

興味深い英語の病名

液体」を注射して抗体の有無を調べる方法を発見します。それがtuberculin「ツベルクリン」**です。最初は結核の治療薬をつくろうと思っていたのですが、効果が見られなかったので診断のために用いられるようになったと言われています。

1921年、フランスのパストゥール研究所のCalmette「カルメット」とGuérin「ゲラン」が牛の結核菌を培養して結核予防のためのワクチン(p144)をつくりました。これが年輩の方ならよくご存じのBCGです。Bacillus Calmette-Guérin「カルメットとゲランの細菌」の頭文字なのです。

1928年には、イギリスの細菌学者アレクサンダー・フレミング(1881〜1955)が「ペニシリン」という抗生物質を発見します。実験室で培養しているブドウ球菌の中にうっかりアオカビの胞子を落としてしまいました。すると、その周囲の細菌だけが透明になっています。その偶然によって、アオカビが細菌の増殖を止めるということを突き止めたのです。この物質はpenicillium「アオカビ」からpenicillin「ペニシリン」と名づけられました。アオカビの先端は細長い「筆」のような形をしていて、pencil「筆、鉛筆」と同じ語源です。1942年にペニシリンは実用化され、結核だけではなく梅毒の治療薬としても使われるようになります。

1943年にはアメリカの微生物学者セルマン・ワクスマン(1888〜1973)が土の中にいる放線菌という微生物からstreptomycin「ストレプトマイシン」という抗生物質を発見します。この強力な効き目を持つ薬によって、結核の完全治癒が可能になりますが、それだけにとどまりませんでした。第二次世界大戦で負傷した兵士の感染症治療にも絶大なる効果を発揮して、数多くの命を救うことになります。

** 「ツベルクリン反応」はtuberculin reactionと言います。

BCGの記憶

　私が小学生の頃のことですから、1960年代の話です。この頃は毎年、生徒全員にツベルクリン注射をして、体内に結核菌への抗体があるかどうかを調べていました。これは細い注射でそれほど痛くはなかったのですが、問題は結核予防のためのワクチン注射「BCG」でした。これが何とも太くて痛い注射だったのです。

　ツベルクリンを注射して2日後に注射跡が長径10㎜以上の広さで赤くなっていると、すでに結核菌が体内にあって結核に対する抵抗力のあることがわかったのです。つまり陽性ということです。そうなると結核予防ワクチンのBCGを打たなくてすんだのです。友達の中には、BCG嫌さに手で叩いて赤い部分を広く大きく見せようとしていた人もいました。

　もちろん私もそうしたのですが、努力のかいもなく注射跡の赤い部分は広がらず陰性になってしまいました。BCGを注射されることは、小学生の私には人生における最大の恐怖でした。

　実際に見た注射器は、恐怖にかられた私には直径が2㎝もあったように思えました。針も太くて長かったのです。本気で逃げ出そうとさえ思いましたが、「BCGが嫌で逃げ出した」などというレッテルを貼られて一生生きていくのも癪だった

ので、目をつぶって必死に恐怖と痛みに耐えました。

　クラスでBCGを受けたのは、私ともうひとりの女の子だけでした。注射が終わって教室に戻ると、先生がみんなの前で私を名指ししてこう言ったのです。「BCGを注射した人は、不潔で黴菌<ruby>黴菌<rt>ばいきん</rt></ruby>だらけのところで過ごしている人です。ふだんからいい加減で不規則な生活をしているから、こんな目にあうんです」。いま小学校で先生が生徒を名指ししてこんなことを言ったら、大変な問題になっているでしょう。テレビカメラの前で、校長先生だけでなく教育委員会のお偉いさんも深々と頭を下げるような事態になっていたかもしれません。

　この先生の言ったことが大変な間違いだったとわかったのは、中学生になってからのことでした。私は体内に抗体となる結核菌を保有していなかったのです。だからBCGワクチンを接種されたわけです。"不潔で黴菌だらけ"どころか、清潔な環境で生活していたということです。私は小さな家に住んでいましたが、母は毎日徹底的に掃除していました。塵<ruby>塵<rt>ちり</rt></ruby>も埃<ruby>埃<rt>ほこり</rt></ruby>もなく、廊下などピカピカに磨き上げて顔が映るほどだったのです。

　英語のtuberculosis「結核」についての原稿を書きながら、はるか遠い昔の記憶が蘇<ruby>蘇<rt>よみがえ</rt></ruby>りました。

　なお、BCGはその後、直径2㎝の円の中に針が9本あるスタンプ注射に変わり、乳幼児にツベルクリン反応抜きで直接接種するようになっています。

hysteria
[ヒステリー]

　興奮して感情を抑えることができず、泣きわめいたり怒ったりすることを「ヒステリー」と言います。これはドイツ語の*Hysterie*「ヒュステリー」という医学用語からきています。英語では hysteria「ヒステリア」と言い、形容詞は日本語でもよく言う hysteric「ヒステリック」ですが、hysterical「ヒステリカル」と言うこともあります。

　hysteria は「子宮」という意味のギリシア語 *hustera*「ヒュステラー」からきています。でも、こんなに誤解を受けてきた臓器はありません。紀元前2000年の昔から「子宮は体内を移動する動物に似た生き物である」というとんでもない考えがありました。

　古代ギリシアの医師ヒポクラテスも「性交渉がないと、子宮が乾燥して隙間ができて軽くなるために上の方に移動する」と考え、「子宮が肝臓につくと腹部内の呼吸の通路が遮断され、さまざまな病気を引き起こす」と主張しました。哲学者プラトンも「子宮は子供をつくろうとする動物で、それが満たされないと暴れて呼吸を困難にしたり精神を苦しめたりする」と書き残しています。

　ところが軍隊でも多くのヒステリー患者が出たことで、女性だけでなく男性もかかる病気だということがわかります。あらぬ誤解がやっと解けたのです。ジークムント・フロイトは著書『ヒステリー研究』の中で、心的外傷が原因であるとしました。現在では「ヒステリー」という病名は使われず、「身体化障害」「解離性障害」などと呼ばれています。

cataract
[白内障]

／滝

「白内障」は眼球の水晶体が灰色や茶褐色に濁り、物がかすんだりぼやけたりする目の病気です。英語ではcataract「キャタラクト」と言います。語源はギリシア語の*kataraktēs*、「下に激しく落ちる」という形容詞ですが、名詞で「滝」という意味もあったのです。これにはもうひとつ「城門の落とし格子」という意味もありました。古代の城で敵兵が砦に入った途端、門の上から突然ストンと落ちてくる格子のことです。敵兵は視界が遮られ、右往左往するしかありません。**「滝」も「落とし格子」も目の前を塞ぐものです。そこからcataract「白内障」という病名が生まれました。**

鼻カタルとか腸カタルという病気もあります。「カタル」は英語でcatarrh「カタール」。鼻カタルは鼻水がたれ、腸カタルでは下痢が起こります。これも「流れ落ちる」という意味のギリシア語*katarrūs*からのラテン語*catarrhus*に由来します。古代ギリシアのヒポクラテスや古代ローマのガレノスは、体内には「血液」「粘液」「黒胆汁」「黄胆汁」が流れていて、そのバランスが崩れると病気になるという「四体液説」を唱えます。体内で悪くなった体液が増えると外に排出されると主張し、鼻水も脳下垂体で過剰になった悪い体液が鼻から排出されたものだと考えました。しかし17世紀になって、単に鼻の粘膜から染み出したものであることがわかります。腸カタルも腸の粘膜の炎症によってお腹が下ったものです。現在ではカタルは「粘膜の炎症によって液体が染み出る症状」という意味になっています。

smallpox
［天然痘］

膿のある発疹

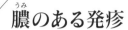

　「天然痘」は感染力の強い天然痘ウイルスの感染によって起こる致死率の高い病気です。高熱が出て全身に膿をもつ発疹ができ、それが体内の呼吸器などにも広がると呼吸困難に陥り、最悪の場合は死に至ります。日本語では「疱瘡」あるいは「痘瘡」とも呼ばれます。

　英語ではsmallpox「スモールポックス」、あるいはvariola「ヴァライオラ」と言います。**smallpoxのpoxとは天然痘にかかるとできる「膿疱」、つまり「膿を含む発疹」「水疱」のこと**です。天然痘にかかって重症にならずに回復した人でも、膿のある発疹がかさぶたになり、それが取れたとしても皮膚に凹凸の跡が残ります。これを「あばた」と言います。「あばたもえくぼ」*の「あばた」です。英語ではpockmarkと言います。中世の王や貴族の多くは肖像画を残していますが、天然痘にかかった跡の「あばた」は描かないというのが肖像画家との間での暗黙の了解となっていました。

　ちなみに、poxという単語を使った病気には他にchicken poxがあります。「水疱瘡」のことですが、「水痘」とも言います。「痘」は「病だれ」に「豆」と書きますが、虫刺されのように膨らんだ赤い発疹が身体のあちこちにでき、それが豆のように見えたからです。英語のchicken poxは、皮膚にできたボツボツが羽毛をむしられたchicken「ニワトリ」の皮膚のように見えたことに由来します。主に子供がかかる病気で、一度かかると二度とかからないと言われていますが、大人になっても疲労やス

＊「あばたもえくぼ」は、英語ではLove sees no faults. あるいはLove is blind. などと言います。

トレスによって免疫力が低下すると、体内に潜伏していた水痘ウイルスが暴れ出して「帯状疱疹」などを引き起こすことがあります。

　もうひとつの「天然痘」のvariolaという病名は、すでに6世紀から使われていました。「斑点のある」というラテン語variusからvariola「ワリオラ」と名づけられたものです。

　ところで、smallpox「天然痘」はなぜsmallなのでしょうか？実はもともと「梅毒」もpoxと呼ばれていました。天然痘も梅毒も初期症状がよく似ていたからです。16世紀になって、この2つの病気を区別するために「天然痘」をsmallpox、「梅毒」をgreat poxと別々の病名で呼ぶようになります。梅毒は性交渉を介してうつる病気で、ひどくなると皮膚から膿が出て、骨や目、鼻、唇や性器の組織までもが破壊されてしまいます。確かに皮膚の症状だけを見ると、梅毒の方がはるかに"greatな"病気なのですが、実は致死率は天然痘の方が高かったのです。ですから、この2つの病名は誤解を招くものだと言う医師もいます。

　天然痘は人類が撲滅に成功した唯一の感染症です。1958年にWHO（世界保健機関）の総会で「世界天然痘根絶決議」が可決され、根絶計画がスタートしました。最初は世界中のありとあらゆる人にワクチンを接種することを目指しましたが、途中から天然痘患者を発見した人に賞金を出し、その患者に1か月前から接触した人全員にワクチンを接種して、感染拡大を防ぐというふうに方針転換しました。その結果、1977年のソマリアの青年を最後に天然痘患者は出ていません。こうして1980年、WHOは「地球上からの天然痘根絶」を宣言します。この天然痘根絶プロジェクトをリーダーとして主導したのは蟻田功博士という日本人医師でした。

vaccine「ワクチン」の語源は「雌牛」

　「ワクチン」は英語ではvaccineとなり「ヴァクシーン」と発音します。ドイツ語では*Vakzin*「ヴァクツィーン」と言います。感染症に対して体内に免疫を獲得させるために人工的につくられた弱毒性の病原体のことです。

　最初に発明されたのが「天然痘」のワクチンです。天然痘に一度かかった人は、二度と感染しないことが古代から知られていました。18世紀に入ると、イギリスの上流階級で天然痘の患者の発疹にできた膿から抽出した液を健康な人に接種する「人痘接種」が流行します。しかし、この接種によって、かえって天然痘が大流行し、命を落とす人も少なくありませんでした。

　もうひとつ、牛がかかる「牛痘」という病気がありました。現在の英語でcowpoxと呼ばれるこの病気は、人にも感染しますが、症状は軽くてすぐに治ってしまいます。農民の間では、乳搾りをしていた人は天然痘にかからないという言い伝えがありました。

　1796年にEdward Jenner「エドワード・ジェンナー」(1749〜1823)という開業医が、牛痘にかかった女性の水疱の膿を抽出して使用人の息子に接種したところ、それ以降、天然痘にかかることはありませんでした。天然痘よりも軽くて

致死率の低い牛痘に感染させたことで免疫を獲得したからです。ジェンナーは、1798年に「牛痘の原因と効果の調査」という論文を書き、その中で「牛の天然痘」という意味で*variolae vaccīnae*という"造語"を用いました。*variolae*は「天然痘」のことですが、*vaccīnae*は「雌牛の」という意味で、ラテン語の「雌牛」、*vacca*「ワッカ」から派生したものです。その*vacca*の形容詞*vaccīnus*から英語のvaccine「ワクチン」、vaccination「ワクチン接種、種痘」という単語が誕生することになります。

　19世紀に入り、この接種法はヨーロッパ中に普及しイギリス議会はジェンナーに賞金を贈りました。しかし医学界はその功績をなかなか認めず、一般の人たちも「ワクチンを接種すると牛になる」と言って接種を拒否しました。1802年にイギリスの風刺画家ジェームズ・ギルレィが描いた「ジェンナーの種痘」という絵があります。種痘を受けた人たちは自分の身体から牛の体の一部が生えてきて大慌てしていますが、ジェンナーは素知らぬ顔でワクチンを注射しています。

ジェームズ・ギルレィの風刺画
「ジェンナーの種痘」

IV

神話と神々の英語

ギリシア神話やローマ神話の神々の名前からも
多くの英単語が誕生しました。

ローマ神話の豊穣の女神 Cerēs「ケレス」は朝
食でお馴染みの、ある食品の名前になっていま
す。また Amazon や Nike など大企業の社名と
なっているものもあります。

アントワーヌ・ヴァトー画「ケレス」
（ワシントン・ナショナル・ギャラリー蔵）

ocean
[海] 　海神「オケアノス」

　ギリシア神話では、最初この世は天と地が混ざり合った「混沌」の状態にあったとされています。『旧約聖書』の創世記では「初めに、神は天地を創造された」で始まり「地は混沌であって」と続きます。『日本書紀』でも冒頭に「古に天地未だ剖れず、陰陽分れざりしとき……」とあります。みんな同じように、「混沌」の状態からこの世が始まったと考えられていたのです。

　古代ギリシアの人々はその混沌とした状況を神格化して*Khaos*「カオス」という最初の神をつくり出しました。英語で「混沌」とか「無秩序」を意味するchaos「ケイアス」という単語は、ここから生まれました。

　この混沌の状況から自然発生的に生まれたのが大地の女神*Gaia*「ガイア」です。ガイアは自分だけの力で天空の神「ウラノス」を産み落とします。そして母親ガイアとその息子のウラノスが交わって数多くの子供が誕生することになります。"神話"ですから、私たちの常識では考えられないことがたくさん起こります。「何でもあり」の世界なのです。

　そんなガイアとウラノスの子供の中に*Tītān*「ティタン」という巨大な神たちがいました。男6人、女6人の兄弟姉妹で「ティタン神族」とも呼ばれます。「チタン」*という金属があります。とても軽くて丈夫で耐熱性にも優れているために飛行機や自動車、ゴルフクラブなどにも使われていますが、それはこの神の名前からきています。英語のtitanは「タイタン」と発音します。初めての航海で氷山に衝突して沈没した大型豪華客船のTitanic

＊金属の「チタン」は英語でtitanium「タイティニアム」となります。

「タイタニック」も、titan の形容詞から命名されたものです。

　ティタン12神の長男は *Ōkeanos*「オケアノス」** という海の神でした。ギリシア神話の世界観では、この世は平べったくて、円形の大陸のまわりを海が取り囲み、海流となってぐるぐるまわっていると考えられていました。その海流を神格化したのが「オケアノス」で、すべての水の源とされました。英語で「海」は ocean です。**それはこの *Ōkeanos* というギリシア語がラテン語で *Ōceanus* となり、古フランス語を経て現在の英語になったものです。**

　これも「何でもあり」のギリシア神話らしいのですが、オケアノスは実の妹の *Tētȳs*「テテュス」と結婚して3000人の娘をもうけます。それが「オケアニデス」と呼ばれる妖精たちで、それぞれが川や湖、泉、地下水といった水に関連する場所を守るという役割を担うようになります。オケアノスひとりではこの世のすべての水を管理することができませんから、3000人もの娘たちに任せたのです。

　その長女は「ステュクス」と言い、地下を流れる「ステュクス川」の守護神でした。それは生者と死者の世界の間を流れる川で、日本ならさしずめ「三途の川」ということになります。この川の水には不死をもたらすという不思議な力が宿っていたことから、さらにいろいろな物語が誕生することになります。

ギリシア神話の世界観

** 英語では Oceanus と綴り「オーシーナス」と発音します。

aphrodisiac
[媚薬]

愛と美の女神
「アプロディテ」

　大地の女神「ガイア」と天空の神「ウラノス」には、巨人のティタン12神の他にも数えきれないほどの子供がいました。その中に、ひとつ目の「キュクロプス」と100の腕と50の頭を持つ「ヘカトンケイル」という怪物のような神がいたのです。父親のウラノスは、彼らを嫌悪して地獄に閉じ込めてしまいます。母親のガイアはそれに激怒して、もうひとり別の子供「クロノス」にウラノスを抹殺するよう命じます。

　母から鋭い刃の鎌を受け取ったクロノスは、父ウラノスの肉体を7つに切り裂いて海に投げ捨てました。白いひげを生やした頭部は、沈む前にクロノスをにらんで、「お前はいま私を殺し、私の王座を奪った。だが心得ておけ、お前の息子が同じことをお前にするであろう」と叫びました*。

　切り落とされて海に沈んだウラノスの男根からは精液が溢れ出して泡となりました。その泡から金髪の乙女が生まれます。それが愛と美の女神 *Aphrodītē*「アプロディテ」** でした。*aphros*「アプロス」はギリシア語で「泡」という意味です。この女神の役割は、神々や人々の欲望を掻き立てることでした。恋をしたりさせたりすることが彼女の仕事であり、喜びであり、趣味でもあったのです。

　英語では「媚薬」「性欲亢進剤」のことをaphrodisiac「アフロディジアック」と言います。これはこの*Aphrodītē*「アプロディテ」からきています。男根にまとわりつく精液の泡から生まれたという"出生の秘密"を知れば、この単語がどうしてで

*この予言通り、やがてウラノスの孫でクロノスの子「ゼウス」がクロノスを王座から引きずり下ろし、神々の頂点に君臨する王になります。

きたのか納得できるでしょう。おまけにアプロディテの息子というのが、あの *Erōs*「エロス」(p152)なのです。弓の名人で、黄金の矢で射られた者は恋に落ちたという「性愛の神」です。

　古代ローマ人はギリシア神話の影響を強く受け、そのエピソードを自分たちの神話にも積極的に取り入れました。ですから神の名前が違うだけで、同じような話がたくさんあります。アプロディテはローマ神話では *Venus*「ウェヌス」と名前を変えました。それが英語で Venus「ヴィーナス」となったのです。

　ルネッサンス時代のフィレンツェの画家サンドロ・ボッティチェッリ(1444頃〜 1510)の傑作「ヴィーナスの誕生」は、この女神が精液の泡から生まれ、西風に吹かれてキプロス島の浜辺にたどり着いた場面を描いたものです。

　ホタテ貝の貝殻の上に立ち、両手で胸と秘所を隠した姿で描かれていますが、貝殻は女性器を象徴しているとされます。傍らでは季節の女神が花模様のケープを裸のヴィーナスに差し出し、空では西風の神が頬を膨らませ唇を尖らせて一生懸命に風を送っています。

　1枚の絵の中に、神話のさまざまなエピソードが凝縮されて描かれているのです。

ボッティチェッリ画「ヴィーナスの誕生」
（ウッフィーチ美術館蔵）

＊＊「アフロディテ」とも言います。英語でも同様に Aphrodite と綴りますが、発音は「アフロディティ」となります。

071
erotic
［エロティック］

性愛の神「エロス」

　愛と美の女神「アプロディテ」(p150)は、「ゼウス」と正妻「ヘラ」の子供「ヘパイストス」(p156)と結婚します。しかし脚が曲がっていて醜い容姿の夫を心から愛することができません。そんな心の隙を狙って、近づいたのが戦いの神「アレス」です。2人は密通を重ね4人の子供をもうけました。そのひとりが性愛の神*Erōs*「エロス」でした。

　ギリシア神話では、背中に翼がある青年として描かれ、いつも弓矢を携えていました。エロスに黄金の矢で射られた者は激しい恋に落ち、鉛の矢で射られた者は反対に嫌悪感を持ちました。

　***Erōs*という名前はギリシア語で「愛」という意味の名詞*erōs*からきています。その形容詞*erōtikos*「愛の、愛している」からerotic「官能的な」「色情的な」という英語が生まれました。**eroticismは「性的衝動」「好色」という意味です。

　エロスは翼で飛びまわり、恋の弓矢で人や神を射ったりして、自由気ままに遊んでいました。それを見て、やはり弓の名人だったアポロンがバカにします。アポロンは戦場では遠くから矢を放ち、たくさんの敵を殺した歴戦の勇士であり、「疫病の矢」を射って人々を病死させ、反対に病を追い払うこともできる「治療の神」でもありました。弓矢を恋愛ごときにもてあそぶのが、我慢できなかったのです。

　怒ったエロスはアポロンに黄金の矢を放ち、近くにいた妖精を鉛の矢で射ちました。アポロンはその妖精を追いかけま

＊「クピド」は*Amor*「アモル」とも呼ばれました。ギリシア語の*erōs*「愛」をそのままラテン語に訳した名前です。

神話と神々の英語

すが、妖精は嫌悪して逃げまわります。結局、川岸まで追い詰められた妖精は自らの姿を月桂樹（げっけいじゅ）に変えてしまいました。

エロスにまつわる、こんな話もあります。地上の人間の世界で、*Psūkhē*「プシュケ」という娘が絶世の美女として評判になっていました。母親のアプロディテが嫉妬して、エロスに「プシュケが世界一醜い男と結ばれるようにしておくれ」と命じます。プシュケが美男と結婚し、さらなる美女が誕生することを恐れたのです。夜、エロスがプシュケの部屋に忍び込み、眠っている姿に見とれていると、彼女は目を覚ましてしまいます。慌てたエロスは、うっかり自分の黄金の矢で自らを傷つけてしまいました。エロスはプシュケに恋をしてしまったのです。

「プシュケ」にはギリシア語の普通名詞で「息、呼吸」「命」、さらには「魂（たましい）」「心」という意味がありました。これがラテン語に入り *psychē* となります。英語には psycho- や psychi- で始まる単語があります。psychology は「心理学」、psychiatry は「精神医学」、psychic は形容詞で「精神的な」「心霊の」、名詞なら「霊能者」という意味です。みんな「心」や「霊」に関連する単語です。

ギリシア神話では青年として描かれたエロスですが、ローマ神話では性別不明の幼児 *Cupīdō*「クピド」* となります。背中に2枚の翼をつけ、恋の矢を放って悪戯（いたずら）する cupid **「キューピッド」です。

フランソワ・エドゥアール・ピコ画
「エロスとプシュケ」（ルーヴル美術館蔵）

** 英語で cupidity と言うと「強欲、貪欲」という意味になります。

music
［音楽］

学問・芸術の女神
「ミューズ」

　父親である天空の神「ウラノス」の身体（からだ）を7つに切り裂いて海に捨てた「クロノス」が、実の妹の「レア」と結婚してできた子供が*Zeus*「ゼウス」です。

　ウラノスの頭が海に沈む直前、息子クロノスに向かって「お前はいま私を殺し、私の王座を奪った。だが心得ておけ、お前の息子が同じことをお前にするであろう」と叫びました。その予言通りに、ゼウスは父親のクロノスを倒して王座につきます。しかし、それだけでは満足できず、クロノスが支配していた「ティタン神族」に対して、オリュンポスの神々を率いて戦争をしかけたのです。これが「ティタノマキア」と呼ばれる10年に及ぶ大戦争でした。

　全宇宙を崩壊させるほどの激しい戦闘でしたが、神は不死身なのでなかなか決着がつきません。10年後にやっとオリュンポスの神々が勝利し、敗れたティタン神族は地獄に閉じ込められました。こうしてゼウスは"全知全能"の最高神となり、神々の世界に君臨したのです。

　この戦争で捕虜となったのが、ティタン6姉妹のひとり、記憶の女神*Mnēmosynē*「ムネモシュネ」。ゼウスと9日間夜をともにして子供を産みます。それが*Mūsa*「ムサ」＊と呼ばれる9人姉妹の「学問・芸術の女神」たちでした。英語ではMuse「ミューズ」と言い、詩人や画家、音楽家たちにインスピレーションを与えるという役割を持っていました。彼女たちには、それぞれに専門分野がありました。カリオペは「叙事詩」、クレ

＊複数形は*Mūsai*「ムサイ」となります。

イオは「歴史」、エウテルペは「抒情詩」、メルポメネは「悲劇」、タレイアは「喜劇」、テルプシコラは「音楽舞踏」、エラトは「恋愛詩」、ポリュヒュムニアは「賛歌」、ウラニアは「天文」の担当でした。

　英語のmuseum「博物館」「美術館」は、このMuseが語源となっています。もともとミューズ神に捧げられた芸術品を集めた神殿のことでしたが、それが学問や研究をする場所、さらには書物や絵画を収蔵・展示する建物という意味になりました。**music「音楽」もこの女神の名前からきています。「ミューズ神たちの技法」という意味です。ギリシア語で「ミューズの」という形容詞*mousikē*「ムーシケー」がラテン語で*mūsica*「ムーシカ」となりフランス語で*musique*「ミュズィク」となったのです。**

　ミューズたちは古代都市デルフィ近くのパルナッソス山**で、*Apollōn*「アポロン」の指揮と竪琴（たてごと）の演奏に合わせて歌や踊りを演じました。アポロンは英語ではApollo「アポロ」と言い「太陽神」として知られますが、「音楽の神」でもあったのです。この「アポロンとムサ」というテーマは、多くの絵画や音楽にも表現されています。フランス古典主義の巨匠ニコラ・プサンは「アポロとミューズたち（パルナッソス）」という絵画を残し、ロシアの作曲家イーゴリ・ストラヴィンスキーも「ミューズを率いるアポロ」と題するバレエ音楽を作曲しています。

ニコラ・プサン画「アポロとミューズたち（パルナッソス）」（プラド美術館蔵）

**「パルナッソス山」はフランス語で「モン・パルナス」となります。パリのこの地区には詩人などの芸術家がたくさん住んでいました。

volcano
［火山］

鍛冶の神「ウルカヌス」

ギリシア神話の最高神「ゼウス」には数多くの浮気相手がいました。正妻は「ヘラ」という最高位の女神でしたが、結婚した時ゼウスにはすでにティタン神族の前妻「テミス」などとの間に多くの子供がいました。焦ったヘラは *Hēphaistos*「ヘパイストス」という神を産んだのですが、脚が曲がって醜い子供だったため、嫌ってオリュンポス山から海に捨ててしまいます。

ヘパイストスは海の女神「テティス」＊に拾われ、海の妖精たちによって9年の間、洞窟の中で密かに育てられ金属加工の技術を磨きます。生きた宝石を海に泳がせて、みんなを喜ばせたこともありました。それが「熱帯魚」だという言い伝えも残っています。

ヘパイストスは自分を捨てた母親ヘラに復讐します。ある日、ヘラのもとに黄金や宝石で飾った豪華な椅子が届きます。それはヘパイストスからの贈り物でした。ヘラが喜んで腰掛けると、魔法にかかりそのまま動けなくなってしまいます。ヘラがヘパイストスに拘束を解くよう嘆願すると、ヘパイストスは交換条件を出します。自分をオリュンポス山に戻すこと、そして絶世の美女として知られるアプロディテと結婚させることでした。こうしてヘパイストスはアプロディテと結婚することができたのです。

ところが好事魔多し、有頂天になったヘパイストスは、父のゼウスと母のヘラの夫婦げんかに口を出しヘラの味方をしてしまいます。ゼウスは激怒してヘパイストスをオリュンポス山

＊「アキレウス」の母でもありました。

からレムノス島に投げ捨てます。

　ヘパイストスは、この島の火山を鍛冶場にし、ひとつ目の怪物のような神「キュクロプス」たちに手伝わせてさまざまな武器を製造します。ゼウスに全宇宙を一撃で焼き尽くすほど強力な「雷」をつくって贈ると、以前の激しい怒りも忘れて大喜びしました。この「雷」があったから、ティタン神族との大戦争「ティタノマキア」に勝利することができたのです。

　ヘパイストスは、ローマ神話では*Vulcānus*「ウルカヌス」と名前を変え「鍛冶の神」となりました。シチリア島にあるエトナ火山の内部に鍛冶場を持っていて、マグマで鉄を熱して噴火口から煙を出し鉄製品をつくっているとされました。

Vulcānusという名前は英語で**Vulcan**「ヴァルカン」となります。ここから英語で「火山」を意味する**volcano**という単語が誕生しました。volcanistは「火山学者」、volcanologyは「火山学」という意味です。

　16世紀まで英語には*vulcanist*という単語があり「鍛冶屋」を意味していましたが、いまでは廃語になっています。現在の英語で「鍛冶屋」はblacksmith、あるいはsmithと言います。Smithはアメリカ人でいちばん多い苗字ですが、「鍛冶屋」という意味だったのです。

ピーテル・ルーベンス画「ゼウスの雷を鍛えるヘパイストス」（プラド美術館蔵）

074

Europe
［ヨーロッパ］

フェニキア王の娘
「エウロペ」

　現在の中東のレバノンのあたりに、かつて「フェニキア」という王国がありました。地中海のいちばん東の端です。王の娘は*Eurōpē*「エウロペ」という名の絶世の美女でした。オリュンポス山から下界を眺めていたギリシア神話の最高神「ゼウス」が、そのエウロペに一目惚れしてしまいます。

　ゼウスは白い牡牛に姿を変え、侍女たちと牧場で花を摘んでいるエウロペに近づきました。初めは傍らにおとなしく座る牛の頭や背中を撫でていたエウロペですが、お転婆だった彼女は大胆にも背中にまたがり、踵で脇腹を蹴ってしまったのです。その瞬間、牛は全速力で走り始めました。牧場を横切り野原や林を抜けて海に向かって突進すると、猛スピードで泳ぎ始めました。エウロペは必死にしがみついて、牛の背中から落ちないようにするだけで精一杯でした。

ティツィアーノ・ヴェチェッリオ画
「エウロペの誘拐」（イザベラ・スチュワート・ガードナー美術館蔵）

　ゼウスはエウロペをクレタ島に連れ去り、洞窟に監禁してしまいます。正体を明かしたゼウスは彼女と交わり、やがて3人の男児が生まれました。そのひとり「ミノス」は後にクレタ王となりますが、妻の王妃が海神ポセイドンに呪いをかけられて牡牛に恋をし、牛の

頭に人間の身体を持つ「ミノタウロス」という怪物を産んでしまいます。ミノタウロスとは「ミノスの牡牛」という意味です。その怪物を閉じ込めた「迷宮」は*laburinthos*「ラビュリントス」と言い、後に英語で labyrinth「ラビリンス」となりました。

エウロペがゼウスに連れてこられたクレタ島よりも西の地域は、*Eurōpē*「エウロペ」の名前からラテン語の*Eurōpa*「エウロパ」を経て Europe「ヨーロッパ」と呼ばれるようになりました。最初はギリシア中央部のことでしたが、次にギリシア全体、そして最後には大陸全体を意味するようになったのです。

語意的な観点からすると、セム語の*erēbu*「日が沈む」から*Eurōpē* というギリシア語が誕生し、*aṣu*「日が昇る」から*Asiā*となったとされています。その両方を合わせたのが Eurasia「ユーラシア」、19世紀になってつくられた言葉です。

「木星」は Jupiter (p198) と言いますが、語源はローマ神話の*Jūpiter*「ユピテル」、ギリシア神話では*Zeus*「ゼウス」です。1610年にイタリアの天文学者ガリレオ・ガリレイが自らつくった天体望遠鏡で木星に4つの衛星＊を発見し"ガリレオ衛星"と呼ばれるようになりました。そのうちのひとつには Europa「エウロパ」という名前がついています。おもしろいことに他の3つの衛星も、みんなゼウスの愛人の名前がついているのです。天文学と神話がいかに密接に結びついているかがわかります。

この「エウロパ」という衛星ですが、2013年に宇宙望遠鏡によって南極あたりから水蒸気が200kmの高さまで噴出しているのが発見されました。そのため地表の氷の下には海があり、何らかの生命体が存在するのではないかという可能性も指摘されています。

＊現在のところ木星には79の衛星があるとされていますが、探査機の調査によりまだ増える可能性があります。

075
Nike
［ナイキ］

／勝利の女神「ニケ」

　ギリシア神話には *Nīkē*「ニケ」という「勝利の女神」も登場します。父親はティタン12神の末裔「パラス」、母親は海神「オケアノス」(p148)の長女「ステュクス」です。パラスはそれほど有名な神様ではありませんでしたが、母親は死者の国「冥界」を流れる「ステュクス川」を守る女神でした。この川の水には人を不死にするという不思議な力がありました。

　ゼウス率いるオリュンポスの神々とティタン神族の間で「ティタノマキア」という大戦争が起こった時、ニケはティタンの血族ではあったものの、母親ステュクスの命令でオリュンポス側に味方して戦います。翼が生えた女神で、戦場を飛びまわっては勝者に栄光を与えるという使者の役割を負っていました。運命を操って勝者を決めていたのは「モイライ」と呼ばれる「運命の三女神」*で、ニケは特別の力を持っていたわけではありません。しかし、勝利の喜びを伝えて颯爽と飛び立つニケの姿は、戦う神々に大きな勇気を与えました。

　この戦いは双方互角でなかなか決着がつかなかったのですが、ゼウスは地獄に閉じ込められていたひとつ目の「キュクロプス」と100の腕と50の頭を持つ「ヘカトンケイル」を救い出して味方につけ、鍛冶の神「ヘパイストス」がつくった強力な「雷」という武器を使ってオリュンポスの神々を勝利に導きます。ゼウスはオリュンポスの神々の側について戦ったニケを褒め称え、アテネを守護する女神「アテナ」に付き添う女官という地位を与えました。アテネのアクロポリスには「アテナ・

＊クロト(紡ぐ)、ラケシス(割り当てる)、アトロポス(避けられない)の3姉妹。
　個々人の寿命などの運命は彼女たちが決定したとされています。

神話と神々の英語

ニケ神殿」という祠が現存しています。

　ルーヴル美術館に展示されている大理石の彫像「サモトラケのニケ」は、頭部と両腕は失われているものの、翼を大きく広げた女神の像で、紀元前2世紀に彫られたものと言われています。1863年にエーゲ海の北東部に浮かぶサモトラケ島で胴体部分が、続いて片翼などの断片が見つかって復元されたものです。

　いつかテレビで、この彫像がいかに精巧に彫られたものかを放送していました。現在の彫刻家の中でも最高の腕を持つ人が、ノミと金槌を使って翼を同じ厚さに彫ろうとしたのですが、どうしても途中で折れてしまいます。あの薄い翼を2000年以上も前の古代ギリシア人が、どうやって壊さずに彫ることができたのか、謎のまま残っています。

　ニケが勝利をもたらしたのは戦争だけではありません。競技中のアスリートにもスピードと幸運を与えたとされています。**Nikeは英語では「ナイキ」と発音します。それを社名にしているのが世界的なスポーツ用品メーカーのNikeです。**Swoosh＊＊「スウッシュ」というマークもニケの翼をイメージしたものと言われています。

　ローマ神話では、ニケはVictōria「ウィクトリア」と名前を変えます。ラテン語で「勝利」という意味です。英語のvictory「ヴィクトリー」はここからきています。

ギリシア彫刻の最高傑作「サモトラケのニケ」（ルーヴル美術館蔵）

＊＊ 英語で「ビューンという音をたてる」という意味です。

076

Achilles heel
［アキレス腱_{けん}］

／アキレウス

　海神「オケアノス」の子孫に「テティス」*という美しい海の女神がいました。そんな彼女に好色な「ゼウス」が惚_ほれてしまいます。運命の女神が「テティスの息子は父親を追い出して支配者になるだろう」と不吉な予言をしたのですが、夢中になっていたゼウスは聞く耳を持たず追いかけまわします。しかしテティスがきっぱりと交際を拒絶すると、ゼウスは腹を立て、彼女が他の神と結ばれることを許さず人間の王と結婚させたのです。

　テティスと人間の夫の間には7人の息子が生まれました。みんな神と人間とのハーフ、つまり半神半人です。神は不死身ですが、人間の命には限りがあります。テティスは不死をもたらすとされる「アムブロシアー」という神の食べ物でつくった香料を6人の息子の身体中に塗りたくり、火をつけて燃やして不死かどうかを確かめたのですが、みんな死んでしまいます。

　ひとり残ったのが、生まれたばかりの*Akhilleus*「アキレウス」でした。英語ではAchilles、「アキリーズ」と発音しますが、日本語では「アキレス」と言います。テティスは同じ轍_{てつ}を踏まないように、アキレウスを「冥界」という死者の国を流れる「ステュクス川」に浸しました。この川の水には、不死をもたらすという不思議な力があるとされていたからです。ところがアキレウスの踵_{かかと}を握って川の水に浸_つけたために、その部分だけは不死とはなりませんでした。

　アキレウスは「ケンタウロス」という上半身が人間で下半身が馬の一族のもとに預けられます。その中に「ケイロン」という

＊海の神「オケアノス」の実の妹で妻でもあった海の女神は「テテュス」、冥界を流れる「ステュクス川」の守護神「ステュクス」の母です。よく間違えられます。

賢者がいて、アキレウスを徹底的に鍛え上げます。肉体を強靭にするためにライオンとイノシシの内臓を食べさせ、馬よりも速く走る訓練を行い、戦争に勝つためのさまざまな技術も教え込みました。金髪で碧眼、つややかな肉体を持った青年となったアキレウスは、槍にも剣にも弓にも優れ、武器なしで素手で戦っても敵を叩きのめすほどの力を身につけていました。

　ギリシア連合軍と城塞国家トロイとの「トロイ戦争」に参加したアキレウスは、次々と戦功を重ね、ついには敵の総大将の「ヘクトル」を討ち取ります。しかしヘクトルの弟でトロイの王子だった「パリス」が仕返しのために放った矢が、アキレウスの踵に当たり命を落としてしまいます＊＊。そこが母親のテティスがステュクス川の水に浸していなかった“不死とはならない”部分でした。

　ギリシア神話のこのエピソードからAchilles tendon「アキレス腱」という言葉が生まれました。tendon「腱」とは筋肉と骨を結びつける強靭な紐のような組織です。**「アキレス腱」を意味する英語がもうひとつあります。それがAchilles heelです。「アキレスの踵」ということです。こちらの方は、人の、特に屈強な人の意外な「弱点、欠点」という意味合いが強くなります。** His Achilles heel is his carelessness. と言うと「彼の欠点は不注意なことだ」という意味になります。

アントワーヌ・ボレル画「アキレウスをステュクス川に浸すテティス」（パルマ国立美術館蔵）

＊＊ アキレウスに息子を殺された太陽神「アポロン」が、パリスに弱点を教えたとも、矢がその部分に向かうように運命を操ったとも言われています。

077

Amazon
［アマゾン］

乳房のない

　「アマゾン」はギリシア神話に登場する勇敢な女性だけの種族で、黒海・カスピ海沿岸に住み、戦争と狩猟を中心とした生活を送っていた騎馬民族です。弓を引くのに邪魔にならないように、片方の乳房を切り取っていたという言い伝えもあり、**ギリシア語の*Amazōn*は「*a*（無）＋*mazos*（乳房）」からきているとも言われています。**もう片方の乳房は子供が生まれた時に授乳するために残しておいたのです。

　男性と性交渉ができるのは男性を殺したことがある者に限られていました。子供が欲しい時は周辺の部族のところに行って男性と交わり、男児が生まれたら、殺すか奴隷にするか父親のもとに預けるかします。女児だけを村に残して、後継者として立派な戦士に育て上げました。英語のamazonは「女性戦士」や「男勝りの女」「女傑」という意味になります。

　紀元前9世紀頃から紀元前8世紀頃にホメロスがまとめた「イリアス」という叙事詩に、アマゾンがギリシア連合軍と城塞国家トロイが戦った「トロイ戦争」に参加し、トロイ側についたと書かれています。ペンテシレイアという女王がギリシアの部将アキレウスと一対一で戦ったのですが、殺されてしまいます。アキレウスはペンテシレイアの死に際のまなざしの美しさに魅了されて恋に落ち、殺したことを後悔したとされています。

　実は、アマゾンは実在していたのではないかという説もあります。彼女たちは黒海周辺に住んでいたとされますが、黒海はかつて「アマゾン海」と呼ばれていました。そして何よりも、

神話と神々の英語

19世紀になってドイツの考古学者ハインリッヒ・シュリーマンによって「トロイの遺跡」が実際に発見されたのです。遺跡があるということは、この戦争に参加したアマゾンも実際に存在した可能性が高くなってきます。

　南米には「アマゾン」という広大な熱帯雨林地域があります。そこを流れるのが「アマゾン川」です。世界最大の河とされ、流域面積はオーストラリア大陸の面積に匹敵するとも言われています。この地名は16世紀にスペインの探検隊が広大なジャングルの奥地に勇猛な女性戦士だけの部族がいるという噂を聞いて名づけたと言われていますが、実際に探検隊と戦ったとする説もあるのです。

　1995年にジェフ・ベゾスが設立したAmazon.com, Inc.は世界的なネット通販企業です。社名には広大な森林地帯「アマゾン」のように豊富な商品を販売し、大きなシェアを獲得できるようにとの願いが込められているといいます。ロゴマークにはaからzに向けて矢印があります。これもありとあらゆる商品を扱いたいという理念の表れなのだそうです。

　最初はCadabra.comという社名でした。災厄を払うおまじないのabracadabra「アブラカダブラ」から取ったのですが、電話で社名を言ったところ、相手がcadaver「解剖用の死体」と聞き間違えたために、社名をAmazon「アマゾン」に変更したと言われています。

紀元前２世紀の透かし彫り「傷ついた女戦士を追うギリシア兵」(ピレウス考古学博物館蔵)

078

Rome
[ローマ]

初代ローマ王「ロムルス」

　「永遠の都」と謳われるイタリアの首都「ローマ」はイタリア語で*Roma*、フランス語や英語ではRomeと綴ります。**ローマ建国神話によれば、この街の名前は古代ローマ初代王の*Rōmulus*「ロムルス」に由来します。**

　話はギリシア神話にさかのぼります。愛と美の女神「アプロディテ」とトロイの王家につながる軍人の子供に「アイネイアス」という英雄がいました。ギリシア連合軍との「トロイ戦争」で、この城塞都市は火の海となり滅亡してしまいます。住民は皆殺しにされたのですが、唯一一家族とともに脱出したのが、このアイネイアスでした。苦難の長旅の末、イタリア半島にたどり着き、小さな国をつくって王となります。

　それから数世紀が過ぎ、その国は「アルバ・ロンガ」という名となり、アイネイアスの子孫の「ヌミトル」という王が治めていました。その娘はレア・シルウィアという名で、絶世の美女として知られていました。ところが、ヌミトルの弟「アムリウス」が王位を奪って兄を退位させてしまいます。兄ヌミトルの血筋を根絶やしにしようと息子を殺し、娘のシルウィアも無理やり巫女にしてしまいます。巫女は神に身を捧げる処女でなくてはならず、結婚することも子孫を残すことも絶対に許されなかったのです。

　ところが、天から降りてきた戦いの神「マルス」＊（p168）がシルウィアに一目惚れして、子供を孕ませてしまいます。生まれたのは双子の男の子でした。王のアムリウスは激怒し、王位継

＊「マルス」はギリシア神話では「アレス」と言いました。どちらも「戦いの神」です。

神話と神々の英語

承者となり得る双子を殺すように兵士に命じます。しかし、その兵士は幼い双子を憐れんで、小舟に乗せて川に流したのです。

舟が岸辺に着いた時、泣いていた双子の赤ん坊を見つけて乳を与えたのが雌の狼でした。そこを通りかかった羊飼いが双子を見つけ家に連れて帰って大切に育てます。2人は知的でたくましい青年に成長し、「ロムルス」と「レムス」と名乗りました。力を合わせて祖父の弟のアムリウス王を殺し、祖父ヌミトルを再び王位につけることに成功します。

彼らは小舟がたどり着いたテヴェレ川の岸辺に王国を建設することを決心します。どちらがその国の王になるかを鳥占いで決めることにしました。それぞれ別の丘に立ち、より多くの鳥が飛んできた方が勝ちとなります。ロムルスが立つ丘に12羽の鳥が飛んできました。それはレムスの倍でした。

新しい国の王となったロムルスは、溝を掘り土を盛り上げて壁をつくり始めました。しかし占いの結果に納得できないレムスが、その壁を飛び越えて「こんな脆い柵でどうやって敵の侵入を防ぐのか」と嘲笑ったのです。激怒したロムルスは手に持っていた鋤を振り下ろしてレムスを殺してしまいます。

ロムルスが王として即位したのは紀元前753年4月21日とされ、この日はローマの建国記念日となっています。現在でも大勢の市民がローマ兵に扮して街中をパレードするなど、数多くのイヴェントが行われています。

雌狼の乳を吸うロムルスとレムスのブロンズ像（カピトリーノ美術館蔵）

079

March
［3月］ 戦いの神「マルス」

　ギリシア神話によれば、最高神「ゼウス」と正妻「ヘラ」には鍛冶の神「ヘパイストス」(p156) の他にもうひとり *Arēs*「アレス」という子供がいました。「戦いの神」だったからでしょうか、アレスは暴力事件や残虐行為を繰り返し、神々はもちろん古代ギリシア人にも毛嫌いされていました。

　でも、そんな野獣のような男を好きになる女性がいることは、いまも昔も、神も人間も変わりありません。愛と美の女神「アプロディテ」(p150) がアレスに惚れて密通を重ね、性愛の神「エロス」(p152) だけでなく、娘の不和の女神「エリス」、息子の恐怖と敗走の神「ポボス」や恐怖の神「デイモス」などを産みます。アレスはそんな不吉な名前の子供たちを引き連れて、しばしば激しい戦闘に打って出ました。戦争が"趣味"と言っていいほど好きだったのです。

　ところが、このアレスがローマ神話で *Mārs*「マルス」と名前を変えて再登場すると、理想的な青年かつ勇敢な兵士として大人気になり、最高神ユピテルと肩を並べるほどの地位を獲得します。何しろローマを建国した初代王「ロムルス」(p166) の父親です。

　マルスは「戦いの神」だっただけでなく「農耕の神」でもありました。ローマにおける最初の暦は初代王ロムルスが定めた「ロムルス暦」で、1年は10か月でした。暦はいつ種を蒔いて、いつ収穫するかという時期を知らせるためのものでしたから、農耕に適さない冬の2か月間は暦から除外され空白になって

いたのです。

　1年の最初の月は春の「3月」で、暖かくなって農作業を始めることができ、同時に軍隊を動かして戦争を再開する時期でもありました。**この月は、農耕と戦いの神だった「マルスの月」という意味で***Mārtius***「マルティウス」と呼ばれるようになります。これがフランス語の影響を受けた中英語の***Marche***を経て、英語の***March***となったのです。**

　紀元前8世紀に第2代古代ローマ王「ヌマ」が、10か月の最後に*Jānuārius*「ヤヌアリウス」と*Februārius*「フェブルアリウス」＊という2つの月を加え1年を12か月とします。この暦はおよそ600年もそのままでしたが、紀元前153年になって「ヌマ暦の改革」が行われ、この2つの月を年の初めにまわします。その結果、年の最初だった*Mārtius*「マルティウス」が3番目の月になり、7番目の月のSeptemberが「9月」、8番目のOctoberが「10月」となってしまいました。*septem*はラテン語で「7」、*octō*は「8」という意味です。このようにして

December「12月」まで数字が2つずつずれてしまったのです。

　英語のMars「マーズ」(p196)には「火星」という意味もあります。火星の赤い色が、戦争で兵士が流す血や燃え上がる炎を連想させたからだと言われています。形容詞のMartialは「火星の」「マルス神の」という意味ですが、最初を小文字にすると「好戦的な」という意味になります。

戦いの神「マルス」の大理石像
（国立ローマ博物館蔵）

＊*Jānuārius*「ヤヌアリウス」は英語でJanuary「1月」、*Februārius*「フェブルアリウス」はFebruary「2月」となりました。

神話の歴史

　ギリシア神話やローマ神話の神々の話を読んでいると時々、違和感を持つことがあります。自分が知っている話と微妙に違っていることがあるからです。神話は吟遊詩人たちがたくさんのエピソードを口伝えで覚えて、諸国を遍歴しながら人々の前で披露したものです。話の展開や細かな部分は個々の吟遊詩人が自由にアレンジしたためにさまざまな話があるのです。そのあたりは全文がきちんと残っている『日本書紀』や『古事記』とは違います。

　紀元前6世紀のギリシアにペイシストラトス（前600頃〜前527）という「僭主」がいました。僭主とは非合法な手段によって政権についた独裁者のことで、英語ではtyrant「タイァラント」と言います。汚い手を駆使して支配者となったペイシストラトスでしたが、政権につくとなかなかの善政を行います。この僭主が評価されていることがもうひとつあります。吟遊詩人たちに知っている限りのホメロスの叙事詩を筆記者の前で吟じることを命じ、口承で伝えられた話を文字化したのです。それが「イリアス」と「オデュッセイア」という現代にまで残っている物語です。しかし、それでも膨大な量の神話全体を描いたものではありませんでした。

　紀元前700年頃にヘシオドスという詩人が「神統記」という

叙事詩をまとめ、それまでてんでばらばらだった個々の話を系統づけることになります。それぞれの神がどうやって誕生したのか、どの神とどの女神が夫婦だったのか兄弟姉妹だったのかなどという関係性をはっきりさせます。またオリュンポスの神々とティタン神族の大戦争「ティタノマキア」や、ウラノス、クロノス、ゼウスの権力交代がどのように行われたのかなどを順を追って描いたものでした。ギリシア神話の基本とはなりましたが、エピソードとしてはほんのわずかです。

その後も、神話は悲劇作家たちによって演劇の台本という形で具体的な肉づけがなされ、紀元前後には現在伝わっているようなエピソードが出そろいます。

ローマ人は独自の神話を持っておらず、そのためローマ固有の神々をギリシア神話の神々と同一視することで、ギリシア神話を自分たちのものとして取り込みます。ですから神の名前が違うだけで、ギリシア神話を上書きしたような話がたくさんあります。「ギリシア・ローマ神話」というふうに、同じひとつの神話のように扱われるのは、そのような理由があるからです。

もちろん新たにローマ人が創造した神話もあります。ローマ建国神話では初代王「ロムルス」(p166)を強引にギリシア神話の愛と美の女神「アプロディテ」の末裔ということにしました。父親もローマ時代には大人気だった戦いの神「マルス」です。絶対に処女でなければならない巫女のレア・シルウィアをマルスが犯して、ロムルスが誕生したことにして箔をつけたのです。

080

January

［1月］

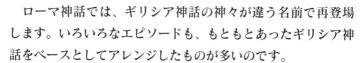

双面神「ヤヌス」

ローマ神話では、ギリシア神話の神々が違う名前で再登場します。いろいろなエピソードも、もともとあったギリシア神話をベースとしてアレンジしたものが多いのです。

もちろんローマ神話で新たに出現した神もいます。その代表がＪānus「ヤヌス」です。英語のJanusの発音をカタカナにすれば「ジェイナス」となります。2つの顔が前と後ろを向いている「双面神」で、前と後ろ、内と外、物事の表と裏を同時に見ることができたのです。

「カルナ」という悪戯好きの妖精がいました。彼女は言い寄る男たちを洞窟に誘い、自分はすぐ後で行くからと言っては逃げていました。カルナは同じ手を使ってヤヌスも騙そうとしましたが、ヤヌスが後ろ向きの顔の方で逃げていくカルナを見たので逃げることができず、しかたなく交わることになります。

2つの顔を持つヤヌス神
（ヴァチカン美術館蔵）

2人には「プロカス」という子供が生まれ、やがてイタリア半島の中央部にある「アルバ・ロンガ」という国の王になります。ローマを建国したロムルス（p166）や母親レア・シルウィアは、この国の王家の流れを汲んでいます。

***Jānus*「ヤヌス」は 物**

事の終わりと始まりをつかさどる神でもあったことから、新年最初の１月は「ヤヌスの月」ということで*Jānuārius*「ヤヌアリウス」と呼ばれるようになります。これが英語の「１月」、Januaryの語源です。

　紀元前８世紀に第２代ローマ王のヌマが定めた「ヌマ暦」では、ヤヌアリウスは最初の「マルスの月」から数えて11番目の月でした。それが約600年後に改暦されて１年の最初の月になります。過ぎ去った年を振り返り、新たな年に希望を抱く１月は、まさに双面神ヤヌスにふさわしい月と言えるでしょう。

　ヤヌスはまた「門の守護神」であり、同時に「戦いの神」でもありました。ヌマ王はローマの街の中心地にヤヌスを祀る神殿を建てます。その祠の中に反対方向を向いた２つの顔を持つ像を納めて、出入口も表側と裏側の両方に設置しました。その扉は戦争の時には開け、平和な時には閉じる*ようにと命じたのです。

　ローマは戦争に明け暮れていました。ヤヌス神殿の扉は初代皇帝アウグストゥスの時代まで700年もの間ほとんど開いていました。閉じられたのは、たった３度だけだったといいます。平和な時代がほとんどなかったのです。

　英語のJanus「ジェイナス」はもちろん「双面神」という意味ですが、Janusを使ったJanus-facedという表現があります。物事に「相反する二面性がある」、人に「二心ある」「表裏がある」という意味です。Janus-faced view of historyは「歴史を裏表両面から見ること」を言います。Janus-wordはひとつの単語に相反する２つの意味があることを言います。例えばoverlookという単語には「見過ごす」と「監視する」、sanctionには「制裁」と「認可」、fastには「速い」と「しっかり固定した」という矛盾した意味が含まれています。これらがJanus-wordです。

＊塩野七生さんの「ローマ」に関する本を読んでいると、「ヤヌス神殿の扉が閉じる間もないほど戦争に明け暮れていた」という表現に出会うことがあります。

cereal
［シリアル］

豊穣の女神「ケレス」

コーンフレークやオートミールなどを「シリアル」と言います。忙しい朝などに牛乳やヨーグルトなどをかけて食べる「穀物の加工食品」のことで、英語ではcereal＊となります。私はずっとどこかの食品メーカーがつくった商品で、商標登録されていると思っていましたが、そうではありませんでした。

このcereal「シリアル」は、ローマ神話の豊穣の女神Cerēs「ケレス」に由来しています。ラテン語の「ケレスの」という形容詞cereālis「ケレアーリス」から生まれた英語です。ケレスはギリシア神話ではDēmētēr「デメテル」と呼ばれ、「豊穣の女神」として崇拝されていました。母親の大地の女神「ガイア」の命令で父親「ウラノス」（p202）の男根を切り取って海に投げ捨てた「クロノス」という神がいましたが、その娘です。兄弟には地上を支配した最高神「ゼウス」、海を支配した「ポセイドン」（p205）、冥界＊＊の王「ハデス」（p207）がいました。デメテルは3兄弟の中でも特に親密だったゼウスと交わり「ペルセポネ」という娘を産みます。

ところが冥界の王ハデスが、美しい娘に成長していたペルセポネに一目惚れしてしまいます。花を摘んでいるペルセポネの目の前で地面が裂けたかと思うと、馬車に乗ったハデスが現れ、彼女をさらっていってしまったのです。娘がいなくなったと知った母のデメテルは松明を持って地上をくまなく捜しまわりますが、どうしても見つかりません。

やがて太陽神「ヘリオス」から娘がハデスと結婚して死者の国

＊「通し番号」のことを「シリアル・ナンバー」と言いますが、これは英語でserial numberとなり、全く違う単語です。

で王妃になっていることを教えられたデメテルは、絶望してやつれ果ててしまいます。すると地上の穀物はことごとく枯れ、飢饉（ききん）が起きて人間社会は壊滅の危機に瀕（ひん）してしまったのです。

弟であり夫でもあったゼウスはデメテルの嘆願を受けて、ハデスにペルセポネを地上に戻すよう命じます。ところがハデスは命令に従うふりをしながら、ペルセポネにザクロの実を何粒か食べさせてしまいます。冥界の食べ物を少しでも口にした者は地上に戻ることができないという厳しい掟（おきて）があったのです。

デメテルはこれに納得せず、ゼウスに猛抗議したために妥協がはかられました。ペルセポネは１年のうち４か月は冥界にとどまりますが、残りの８か月は地上で母デメテルと一緒に過ごすことになりました。死者の国にいたペルセポネが地上に戻ると、太陽の光も輝き始めます。人々が春に穀物の種を蒔き、夏には大きく育て、秋に収穫する——そんな四季のサイクルがこうして生まれたのです。

ローマ神話ではデメテルはケレスと名を変えます。農耕の神「サトゥルヌス」(p200)と竃（かまど）の神「ウェスタ」の娘とされ、穀物の栽培方法を人間に指導するために世界中を旅してまわりました。そんな豊穣の女神の名が栄養たっぷりのcereal「シリアル」の語源となったのです。

アントワーヌ・カレ画「ゼウスに抗議するデメテル」（ボストン美術館蔵）

** 冥界とは「死者が住む国」のことです。

English Words That Fell from the Cosmos

宇宙と星々の英語

宇宙の星の英語名はギリシア・ローマ神話の物語と密接に結びついています。

「天王星」は英語でUranus「ウラノス」と言います。無数の銀河が散りばめられた宇宙を身にまとっているとされた「天空の神」です。

カルル・シンケル画「ウラノスと踊る星々」
（ベルリン工科大学建築美術館蔵）

082
cosmos
［宇宙］

秩序

　「宇宙」を意味する英語には universe や outer space、cosmos などがあります。universe はラテン語の *uni-*「ひとつに」＋ *-versus*「向けられた」からなり、「ひとつに統合されたもの」から「宇宙」「世界」という意味になったものです。outer space は「大気圏外の宇宙空間」のことです。space は「空間」のことですが、そこから「宇宙」というふうに意味が広がりました。

　cosmos はギリシア語で「秩序」を意味する *kosmos* からきています。古代ギリシアのピタゴラス派が最初に「宇宙」という意味でこの言葉を使ったとされています。宇宙を「秩序正しく調和のとれた体系」と考えたからです。

　当時はすべての人が感覚的に「地球のまわりを太陽や月や星がまわっている」という考えにとらわれていたと思いがちですが、ピタゴラス派のフィロラオス（前470頃〜前385）という学者は「見えない炎のまわりを地球、太陽、星がまわっている」と主張しました。地動説に近い考え方です。ところが紀元後2世紀になって *Ptolemaeus*「プトレマイオス」*（100頃〜170頃）という天文学者が、「地球を中心として、そのまわりを月、水星、金星、太陽、火星、木星、土星の7つの天体がまわっている」と主張します。天体の軌道も楕円ではなく真円であるとしたのです。宇宙の完璧な「秩序正しさ」を求めた結果です。この説は英語で Ptolemaic system「プトレマイオス体系」と呼ばれます。

*英語では Ptolemy「トレミー」と呼ばれます。

現在の英語でもcosmosは「宇宙」以外に「秩序」「調和」という意味で使われます。漢字で「秋桜」と書く「コスモス」もcosmosです。宇宙で星がきれいに並ぶように、美しい花びらが整然と並んでいることで名づけられたものです。驚いたことに、cosmetic「化粧品」もギリシア語のkosmētikos「美しく装う」から生まれた英語です。

　cosmosの対極の語がchaos「混沌」「無秩序」です。日本語では「カオス」と言いますが、英語では「ケイアス」と発音します。『旧約聖書』の創世記や『日本書紀』と同じようにギリシア神話でも、最初この世は天と地が混然一体となった無秩序の状態にあったとされています。古代ギリシア人は、この「混沌」の状態を擬人化してKhaos「カオス」という最初の神を創造しました。そこから大地の女神「ガイア」が誕生して、ギリシア神話の物語が始まることになります。

　実は、英語で「気体」という意味のgas「ガス」は、このkhaos「混沌」という語から生まれた造語なのです。1600年、フランドルのヤン・ファン・ヘルモント(1579〜1644)という化学者が、木炭を燃やして残った灰の重さを量ってみるとはるかに軽くなっていました。きっと燃焼によって空気中に放出した物質があるに違いないと考え「気体」という概念を思いつきます。ファン・ヘルモントは、この目に見えない物質をギリシア神話のKhaosのフランドル語風発音をヒントにしてgas「ガス」と名づけました。

　昔からあると思っていたgasという単語が、ギリシア神話から誕生した"造語"だったとは驚きです。

083
astrology
［占星術］

星の言葉

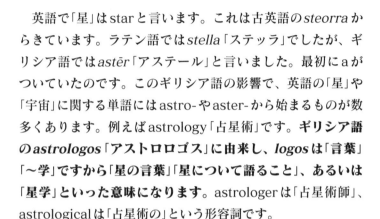

　英語で「星」はstarと言います。これは古英語の*steorra*からきています。ラテン語では*stella*「ステッラ」でしたが、ギリシア語では*astēr*「アステール」と言いました。最初にaがついていたのです。このギリシア語の影響で、英語の「星」や「宇宙」に関する単語にはastro-やaster-から始まるものが数多くあります。例えばastrology「占星術」です。**ギリシア語の*astrologos*「アストロロゴス」に由来し、*logos*は「言葉」「〜学」ですから「星の言葉」「星について語ること」、あるいは「星学」といった意味になります。**astrologerは「占星術師」、astrologicalは「占星術の」という形容詞です。

　初めは星の動きによって国家や社会全体がどう変動するのかを判断するものでしたが、やがて個々人の運命を占うようになります。人が誕生した時の天体の配置をもとに、その後の天体の動きを調べることで、人の性格や未来の運命を導き出そうとしたのです。占星術で言う「天体」とは太陽と月と太陽系の惑星、そして牡羊座（おひつじざ）から魚座までの12の星座です。例えば火星は闘争本能に溢（あふ）れ、金星は芸術的、牡羊座は情熱的、天秤座（てんびんざ）は優雅などの特徴があり、それらが互いに影響し合っているとしました。

　英語で「不幸」「災害」のことをdisasterと言います。この単語にも-asterが入っていますが、dis-は「離れて」という意味なので「幸運の星から離れて」ということになります。

　このastrology「占星術」から生まれたのがastronomy「天文

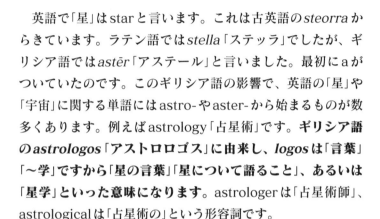

学」です。astronomerは「天文学者」、そしてastronomical
は「天文学の」という形容詞ですが、「天文学的な」「莫大、膨大
な」という意味もあるのです。astronomical figureなら「天文
学的な数字」です。

　さまざまな物質から金を抽出しようとしたalchemy「錬金術」
がchemistry「化学」に変化していったように、astrology「占
星術」も科学的なastronomy「天文学」へと発展しました。この
2つの言葉はゴッチャに使われていたのですが、15世紀頃か
らだんだんと区別されるようになります。

　日本語としても最近よく使われるasterisk「アステリスク」
も「☆」あるいは「＊」のことです。ギリシア語の*asteriskos*「小
さな星」からきています。「宇宙飛行士」はastronautです。ギ
リシア語で*nautēs*は「船乗り」ですから、「星の船乗り」という
意味になります。何かロマンチックです。

　もうひとつ、astro-で始まる名前があります。手塚治虫の「鉄
腕アトム」は1963（昭和38）年に日本のテレビでアニメが始ま
り、翌年アメリカでも放送されました。「鉄腕」ですから"Iron
Arm: Atom"とか"Mighty Atom"などとすればよかったと思
うのですが、アメリカではタイトルも主人公の名前もアトム
ではなく"Astro Boy"となってしまいました。

　手塚治虫はatomがスラングで「おなら」という意味だったか
らだと言っていたそうですが、私が何人ものアメリカ人に聞
いた限りでは、みな一様に「atomにfart（おなら）という意味
はない。初耳だ」と言います。やはりアメリカは広島と長崎に
atomic bomb「原子爆弾」を落とした国ですから、日本で制作
されたアニメを放映するのにatom「原子」という言葉を使いた
くなかったのではないでしょうか？

あなたの星座は何ですか？

astrology以外にも「占星術」「星占い」を意味する英語があります。horoscope「ホロスコープ」です。ギリシア語のhōrā「(誕生した)時」とskopos「見張る人」「観察する人」からなる単語で、占星術をする時のもととなるチャートも意味します。日本語では「出生天宮図」、英語ではzodiacとも言い、人が生まれた時の太陽や月、惑星の位置を図に示したものです。12のゾーンに分かれていて、それぞれに星座が配されています。その各ゾーンのことを英語ではsign「サイン」とかhouse「ハウス」と呼んでいます。

外国人と英語で話をしていて、話題に困った時にお勧めなのが星占いの話をすることです。欧米人にも共通の話題なのです。

英語で「あなたの星座は何ですか？」はWhat is your zodiac sign?と言いますが、もっと簡単にWhat is your star sign?と言ってもいいでしょう。すでに星座の話をしているならWhat's your sign?とかWhat sign are you?でも通じます。

もし、あなたが蠍座(さそりざ)ならI'm a Scorpio.と答えます。以下に英語での星座名を紹介しましょう。

牡羊座(おひつじざ) Aries「エアリーズ」「エリーズ」 / 牡牛座 Taurus「トーラス」 / 双子座 Gemini「ジェミニ」 / 蟹座(かにざ) Cancer「キャンサー」 / 獅子座(ししざ) Leo「リオ」 / 乙女座 Virgo「ヴァーゴ」 / 天

秤座 Libra「リブラ」「ライブラ」/ 蠍座 Scorpio「スコーピオ」/ 射手座 Sagittarius「サジテリアス」/ 山羊座 Capricorn「カプリコーン」/ 水瓶座 Aquarius「アクエリアス」/ 魚座 Pisces「パイシーズ」「ピシーズ」

　どれもラテン語由来の英語です。いずれもI'm a ...でOKですが、牡羊座と水瓶座はAries、Aquariusと最初が母音なので、不定冠詞はanになります。

　もし星座名を思い出せなかったら、簡単な英語にしてしまう手もあります。あなたが牡牛座で、Taurusという単語を忘れたとしても、I'm the Bull.と言えばわかってもらえます。牡羊座はthe Ram「ラム」、双子座はthe Twins「トゥインズ」ですし、蟹座はthe Crab「クラブ」、獅子座はthe Lion「ライアン」、乙女座はthe Virgin「ヴァージン」あるいはthe Maiden「メイドゥン」です。「旧姓」のことをmaiden nameと言いますから、それを思い出してください。天秤座はthe Scales「スケイルズ」、山羊座はthe Goat「ゴート」、魚座はthe Fish「フィッシュ」です。水瓶座はthe Water Carrier「ウォーターキャリア」（水を運ぶ人）です。水瓶を肩の上に載せている人の姿を思い浮かべてください。射手座はSagittariusで、ちょっと難しいのですが、英語でthe Archer「アーチャー」（弓を射る人）と言えばいいのです。「洋弓」のことをarchery「アーチェリー」と言います。それを思い出せれば簡単です。

084
satellite
［衛星］

 貴族の「護衛」

　ひと口に「星」と言ってもいろいろあります。「恒星」は英語では fixed star と言います。fixed とは「固定された」という形容詞で、夜空でそれぞれ相互の位置関係を変えることがなく、しかも自ら光を発している星のことです。太陽系における唯一の恒星が Sun「太陽」です。これは古英語の *sunne* からきています。天文学的に正確を期せば、star は恒星だけを意味します。

　恒星の周囲をまわっているのが planet「惑星」。ギリシア語で動詞の *planāsthai*「さまよう」から派生した *planētēs*「プラネーテース」からきています。形容詞で「さまよっている」、名詞では「さまよう者」という意味になります。古代ギリシアの時代から、すでに水星、金星、火星、木星、土星の5つは *planētēs astēr*「さまよえる星」と呼ばれていました。地球も惑星ですが、それが世の中に認知されるようになるにはコペルニクスの「地動説」を待たなければなりませんでした。

　太陽系の惑星には、他にも天王星と海王星があります。以前は冥王星も太陽系の惑星のひとつに数えられていて「水金地火木土天海冥」などと暗記したものですが、2006年に"準惑星"というカテゴリーに格下げになってしまいました。近くに同等か、それ以上に大きな天体が発見されたというのが、"降格"の理由のひとつです。

　惑星のまわりをまわるのが satellite「衛星」です。説明するまでもありませんが、地球の衛星が moon「月」です。日本語でも地球以外の惑星の衛星も「月」と言いますが、これは英

語も同じです。例えば「土星の月」ならSaturn's moonsとか the moons of Saturnと言います。

　古代ローマ時代は戦乱が続き、政変もしばしば起こりました。経済的に不安定で治安も悪く、有力貴族は常に命を狙われていたのです。そのために何人もの武装したボディガードを連れて歩きました。このような「護衛」のことをラテン語で *satelles*「サテッレス」と呼びました。特に執政官などの最高位の公職者には *lictor*「リクトル」という役職の護衛がつきました。彼らは *fascēs*「ファスケース」という木の棒の束に斧をくくりつけた武器を携えていたのです。「斧」は力の、「木の束」は民衆の団結の象徴でした。これが「独裁的国家主義」という意味の英語、fascism「ファシズム」の語源です。

　17世紀になって、*satelles*「サテッレス」というラテン語が天文学用語として蘇ります。1610年イタリアの天文学者ガリレオ・ガリレイが自分でつくった望遠鏡で木星の4つの衛星＊を発見し、ドイツの天文学者ヨハネス・ケプラーは衛星の軌道に関する法則を確立しました。その時、**ケプラーは「衛星」の動きが貴族につき従う「護衛」のようだったために、ラテン語を使って *satelles* と名づけます。それが satellite「衛星」という英語になったのです。**

ファスケースを担ぐ「リクトル」という役職の護衛

＊「ガリレオ衛星」と呼ばれ、イオ、エウロパ、ガニメデ、カリストの4つ。みんなゼウス（ユピテル）の愛人の名前です。

comet
[彗星]

／長い髪の

彗星は、長い光の尾を引きながら太陽のまわりをまわっている太陽系の星の仲間です。日本では「箒星」とも言います。光の尾が「箒」の先のように見えたからです。「彗星」は英語ではcometと言います。**これはギリシア語でkomētēs「長い髪の、長い髪をした」という意味のKomētēs「コメーテース」からきています。長い光の尾が女性の「長い髪」のように見えたからです。**それがラテン語でcomēta「コメータ」となり、古フランス語のcométeから古英語のcometeへと変化しました。

彗星の本体は「彗星核」と言い、直径数百mから大きいものでは200kmの氷と塵の塊です。太陽から遠い場所にある時は凍りついていますが、近づくと温度が上がりガスや塵を吹き出します。それが光って長い尾のように見えるのです。

彗星は夜空に突然出現しては跡形もなく消えていくことから、国の滅亡や王の死、天変地異や疫病の大流行など悪いことが起こる前兆だと信じられてきました。1066年の3月にも夜空に彗星が出現しました。イングランドでハロルドという王が即位した直後です。ちょうど、その時フランス・ノルマンディ公国のギヨームという王が大陸から多数の兵士や馬、武器とともに海を渡りブリテン島に上陸します。北部でノルウェー軍と戦っていたハロルド率いるイングランド軍は慌てて南イングランドに引き返して戦いますが、ノルマン軍に敗れてしまいます。こうしてノルマンディ公国の王ギヨームはイングランドを征服し、イングランド王「ウィリアム」*として即位、現在のイ

*William the Conqueror「ウィリアム征服王」とも呼ばれます。

ギリス王室の始祖となりました。この事件は「ノルマン・コンクエスト」(ノルマンの征服)と呼ばれています。

　これまでに3600以上の彗星が発見されていますが、その中でもよく知られているのは「ハレー彗星」でしょう。いくつかの異なる彗星だと思われていたのですが、イギリスのEdmond Halley「エドモンド・ハレー」(1656～1742)という天文学者が記録に残っている軌道を計算したところ、75～76年周期で太陽のまわりを同じ楕円の軌道を描いてまわっているひとつの彗星であることがわかります。その名前からHalley's Cometという名前がついたのです。

　最近では1986年に地球に最接近し、日本でも"ハレー彗星ブーム"が巻き起こりました。多くの人が天体望遠鏡を買い求め、テレビでも盛んに特集が組まれ、出版界でも数多くの書籍が発売されました。次に地球に接近するのは2061年です。

　昔は流言飛語も数多く飛び交いました。1910年に地球に近

づいた時には、ハレー彗星の長く伸びた尾が地球を包んでガスで全生物が死滅するという噂が流れたのです。呼吸ができなくなり窒息するという話を信じた人もいましたが、5分間息を止めていれば大丈夫という偽情報もあり、長く息を止める訓練をした人もいたと言われています。

「ノルマン・コンクエスト」の様子を伝えるタペストリー。右上には「彗星」が描かれています(バイユー・タペストリー美術館蔵)

terra
［地球］

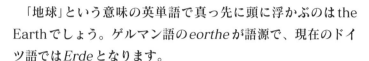
大地の女神「テラ」

　「地球」という意味の英単語で真っ先に頭に浮かぶのは the Earth でしょう。ゲルマン語の *eorthe* が語源で、現在のドイツ語では *Erde* となります。

　globe も「地球」という意味です。ラテン語の *globus*「球体」からきています。もともと地球は平べったい円盤のような形をしていると考えられていたのですが、大航海時代が到来し「地球は丸い」という考え方が一般的となった16世紀に、globe が「地球」という意味になったのです。やがてこの単語は「地球全体」も意味するようになり、形容詞の global「地球規模の」「世界的な」という単語も後から生まれました。

　universe は「宇宙」ですが、宇宙の一部としての「地球」というニュアンスがあり、人間の住む「世界」とか「全人類」という意味で使われることもあります。形容詞の universal は「世界共通の」あるいは「普遍的な」という意味です。world は「世界」という意味ですが、古英語で「人間の時代」「人間の存在」という意味の *weorold* が語源で、人間の営みの場としての「地球」を指しています。

　もうひとつ、「地球」という意味で使われる英語に terra があります。ローマ神話では *Terra*「テラ」という女神がいました。ギリシア神話では *Gaia*「ガイア」＊と言いました。この世は最初、天も地も大気も混ざり合った *khaos*「混沌」の状態にあったとされ、そこから自然発生的に誕生した「大地の女神」です。またの名を *Gē*「ゲー」とも言います。英語で「地球」や「大地」に

＊英語では Gaea とも綴り「ジーア」と発音します。

関連する単語には、geography「地理学」、geology「地質学」などgeo-がつく単語が多いのですが、みなこのGēからきているのです。

ラテン語のterra「テラ」は普通名詞では「大地」という意味でしたが、「地球」という意味も持つようになります。SF小説や漫画で、遠い宇宙から見た故郷としての地球のことを「テラ」と呼ぶことがあります。昔、竹宮惠子の『地球へ…』という大ヒット漫画があり、テレビアニメにもなりましたが、タイトルには「地球」に「テラ」というフリガナが振ってあったことを思い出します。

terraは欧州言語の源であるインド・ヨーロッパ祖語のters-「乾いた」からきています。大量の水をたたえた「海」とは対照的な「乾いた場所」という意味でした。ですから「土」「土地」という意味もあるのです。英語のterrace「テラス」は、もともとは「庭園などの土を盛り上げて上を平らにした場所」のことでした。terri-から始まりますが、territoryも「領土」「領地」という意味です。

犬のterrier「テリア」も、土に掘った巣穴にもぐりこんだアナグマなどを引っ張り出した猟犬です。みんな「土」に関係しています。ちなみにフランス語では「ジャガイモ」のことをpomme de terre「ポム・ドゥ・テール」と言います。「大地のリンゴ」という意味です。

terraの形容詞はterrestrial「地球の」「陸上の」です。その前にextra-「外の」をつけたextraterrestrialは「地球外の」の他に「地球外生物」「宇宙人」という意味があります。これを略したのが、あの大ヒット映画のタイトル"E.T."です。

「月」にまつわる英語

　英語で地球の衛星「月」は、ご存じのようにmoonと言います。ゲルマン語の*mēnōn*、古英語の*mōna*に由来しています。暦の「月」も日本語では同じ漢字をあてますが、英語ではmonthとなります。こちらはゲルマン語の*monat*、古英語の*mōnath*から英語のmonthとなったものです。

　ヨーロッパ言語の祖先とされるインド・ヨーロッパ祖語では*mēnes-*が天体の「月」と暦の「月」の両方を意味していました。*me-*は「測る」を表す語幹で、英語のmeasure「測る」もここからきていますが、これはもちろん「月」の満ち欠けで「暦」の時間を「測って」いたからです。月は29日半のサイクルで規則正しく満ち欠けを繰り返しています。それをひと月とし、1年を12か月としたのが「太陰暦」、英語ではlunar calendarと言います。暦の「月」はギリシア語で*meis*、ラテン語では*mēnsis*と言いました。これも*me-*から始まっています。女性の「月経、生理、メンス」を意味するmensesやmenstruationはここから生まれました。

　フランス語では天体の「月」のことを*lune*「リュンヌ」と言います。語源はラテン語の*lūna*「月」で、ローマ神話の「月の女神」も同じく*Lūna*と言いました。最近、日本の女性でも「月」と書いて「るな」と読ませる名前の人がいます。

英語のlunarもラテン語のlūnaからきていて、「月の」「月の影響を受けた」という形容詞です。中世の人々は、天体が人間の臓器に影響を及ぼしていると考えました。太陽は心臓を、火星は肝臓を、木星は肺を、金星は腎臓を、そして月は「脳髄」の働きを支配しているとしたのです。そこから「月の光が人を狂気に陥らせる」という迷信が生まれ、ラテン語のlūnāticus、フランス語のlunatiqueから英語のlunatic「狂気の」という単語が生まれました。そう言えば、狼男も満月の夜に人間から変身すると言われています。

　moonlightは「月光、月の光」のことですが、アメリカの俗語では「密造酒」という意味があります。1920年から13年間、禁酒法が施行された時期に、真夜中にひっそりと酒を密造したことからきています。バーボン・ウィスキーの原液が「月の光」に照らされてキラキラ輝いていたことからできた隠語です。moonlightには、さらに「アルバイトをする」「副業をする」という意味もあります。昼間はふつうに働き、夜にこっそりともうひとつ別の仕事をすることです。

　その表現から生まれた新語がsunlightです。「太陽の光、日光」ということですが、昼間に正々堂々と「2つ以上の仕事を掛け持ちする」という意味になります。ちょっと古い日本語で言えば「二足のわらじをはく」ということです。最近では会社をいくつも経営する人や、作家としても活躍するアイドルやお笑い芸人もいます。

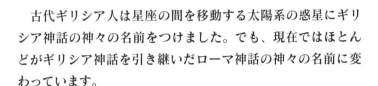

087
Mercury
［水星］

ローマ神話の「メルクリウス」

　古代ギリシア人は星座の間を移動する太陽系の惑星にギリシア神話の神々の名前をつけました。でも、現在ではほとんどがギリシア神話を引き継いだローマ神話の神々の名前に変わっています。

　太陽系の惑星の中でもっとも太陽に近いのが「水星」です。地球からは常に太陽の方向にあるため昼間は見えず、日の出と日の入りの前だけ観測できるため、古代ギリシアでは早朝と夕方に見える星は全く別だと考えられていました。大きさは地球の5分の2で、太陽系の中でもっとも小さい惑星です。地球の1日をもとにして計算すると約88日かかって太陽のまわりを1周しています。これが水星の1年の長さです。でも1回自転するのに約59日もかかってしまいます。つまり太陽のまわりを2回公転する間に3回自転しているということになります。

　水星と太陽の距離は、地球から太陽までの距離の5分の2です。昼間の赤道の表面温度は400度以上に達しますが、熱を伝える大気がないために北極や南極の温度はマイナス200度にもなります。最近、その地下に大量の水が氷となって存在することがわかりました。

　「水星」は英語でMercury「マーキュリー」と言います。ギリシア神話のHermēs「ヘルメス」がローマ神話ではMercurius「メルクリウス」と名を変え、それが英語でMercuryとなりました。ヘルメスは最高神ゼウスが、正妻のヘラが眠っている間にアトラスの娘マイアと浮気をしてできた息子です。

早熟で手先も器用でした。生まれた日の昼には、近くに落ちていた亀の甲羅を拾って、両端に穴を開け弦を通して「竪琴（たてごと）」をつくったことで「竪琴の発明者」とされています。夕方には太陽神「アポロン」の牧場に行き、子牛50頭を盗み出します。アポロンは激怒しますが、「僕は生まれたばかりで『牛』という言葉も知りません」と言い逃れをします。アポロンはゼウスのもとにヘルメスを連れていき、その悪行を訴えますが、やはり自分は無実だと言い張ります。

　すべてお見通しのゼウスは、ヘルメスに全部アポロンに返すよう命じます。ヘルメスはしかたなく盗んだものを隠した場所にアポロンを案内したのですが、その途中に亀の甲羅でつくった竪琴を弾いて聞かせました。素晴らしい音色に魅せられたアポロンは、その竪琴が欲しくてたまらなくなってしまいます。ヘルメスは「この竪琴をあげるから、盗んだ牛のことは帳消しにしてくれませんか？」と交渉をもちかけました。もちろんアポロンは大喜びです。ゼロ歳にしてすごい交渉力です。

　ヘルメスは変幻自在の神でした。死者の魂（たましい）を冥界に送り届ける役目があり「旅人の守護神」として崇拝されました。ゼウスの命令を神々に伝える伝令役も務めて駆けまわっていたので「俊足の神」でもあったのです。まさに88日で太陽のまわりを1周する移動速度の速い「水星」にふさわしい神でした。

　ローマ神話で*Mercurius*「メルクリウス」と名前を変えると、今度は「商業の神」として崇拝されるようになります。ラテン語で「商品」のことを*merx*「メルクス」、「商売する」を*mercārī*「メルカーリー」と言いました。英語では「商人」のことをmerchantと言います。どれもみな同じ語源を持っているのです。

088

Venus
［金星］

愛と美の女神
「ウェヌス」

「金星」は英語でVenus「ヴィーナス」と言います。これはローマ神話の愛と美の女神 *Venus*「ウェヌス」からきています。もともとのギリシア神話では *Aphrodītē*「アプロディテ」＊(p150)と言いました。天空の神「ウラノス」(p202)の切断された男根が海の底に沈んでいく時に、まとわりついた精液の泡から生まれたギリシア神話の「愛と美の女神」です。「生殖をつかさどる女神」でもあったため、英語のaphrodisiac「性欲亢進剤」「媚薬」やaphrodisia「性的興奮」という単語も、この女神の名前から生まれています。

ルネッサンス期のイタリアの画家サンドロ・ボッティチェッリは、この女神を好んで題材にしました。「プリマヴェーラ（春）」という作品では、中央のヴィーナスの傍らで三美神が踊り、上空からキューピッドが弓矢で狙っています。左端にはマーキュリーが立ち、右端では西風の神「ゼピュロス」が樹木の妖精「クロリス」に襲いかかっています。この妖精は後に

サンドロ・ボッティチェッリ画「プリマヴェーラ（春）」（ウッフィーチ美術館蔵）

「フローラ」という女神になります。口から花々を溢れさせ、世界を美しい色彩で満たしたとされています。神話を知っていると、より楽しく深く絵画を鑑賞することができます。

＊英語では同じ綴りで「アフロディティ」と発音します。

Venus「金星」は地球から見ると、太陽、月に次いで明るい星です。古代の人々が「愛と美の女神」の名前を冠したことは大いにうなずけます。でも、常に太陽の方向にあるため、昼間は見ることができません。明け方に東の空に現れる金星は英語でthe morning star「明けの明星」、日没後に西の空に見える金星はthe evening star「宵の明星」と呼ばれます。いまでこそ、同じひとつの星だとわかっていますが、古代においては別々の違う星だと考えられていたこともありました。

　金星は太陽系では中心から2つ目の惑星です。太陽との距離は地球と太陽の距離の10分の7で、照りつける太陽の光は地球より2倍強く輝き、表面温度は470度にも達します。地球の内側で太陽のまわりを地球の1日を基準として225日で1周していますが、1回自転するのに243日もかかってしまいます。

　不思議なのが、公転の向きとは逆の向きに自転していることです。ですから金星では太陽が西から昇って東に沈みます。何だか「天才バカボン」の歌みたいです。巨大な天体がぶつかって回転の向きが逆になったのではないかとか、あまりにも自転速度が遅かったのでうまくバランスが保てず、自転軸が逆さまになってしまったのではないかとも言われていますが、本当のところはわかっていません。

　上空は厚い硫酸の雲で覆われ、4日で金星を1周してしまうほどの秒速100mという強烈な風が吹き荒れています。金星の自転速度は秒速1.8mですから、自転のスピードの60倍もの速さで風が吹いていることになります。自転速度を超えて吹く風という意味で「スーパーローテーション」**と呼ばれています。地球にいちばん近い惑星で「地球の双子星」と言われていますが、全く違う過酷な環境の惑星なのです。

**「4日循環」とも呼ばれています。

089

Mars
［火星］

戦いの神「マルス」

　「火星」は太陽系の中心から4番目の惑星で、地球の1日を基準にすると687日で太陽のまわりを1周しています。大きさは地球の半分ほど、火星と太陽の距離は地球から太陽までの距離より1.5倍長いので、平均気温も低く、マイナス50度です。昔は大気が地球と同じくらい濃かったものの、重力が地球の40%しかないため、いまではほとんどなくなってしまいました。かつて水があったと思われる痕跡も見つかっています。

　火星探査機が着陸に成功し、さまざまな調査を行っていますが、さて人類が火星に到達し、移住できる日がいつかやって来るのでしょうか？

　「火星」は英語でMars「マーズ」と言います。これはローマ神話の戦いの神Mārs「マルス」(p168)に由来する名前です。火星の表面には大量の酸化鉄が含まれているために、地球からは赤く見えます。それが戦火や戦死者の血の色を連想させたため、「戦いの神」の名前がつきました。英語ではRed Planetとも言います。想像上の「火星人」はMartianと呼ばれますが、発音は「マーシャン」となります。丸い頭に長い脚のあるタコに似た宇宙人です。

　マルスはギリシア神話ではArēs「アレス」と呼ばれ、やはり「戦いの神」でした。美男子だったのですが、残虐で好色な乱暴者だったため忌み嫌われていました。しかし、ローマ神話でマルスと名前が変わると人気が沸騰し、ローマ初代王「ロムルス」(p166)の父親としても崇拝されるようになります。古代

ローマで最初につくられた「ロムルス暦」という暦では、1年の始まりの月を「マルスの月」という意味で*Mārtius*「マルティウス」と呼びました。現在でいえば3月の頃です。暖かくなって軍隊を動かすのにちょうど良い季節でしたから「戦いの神」の名前がついたのです。英語のMarch「3月」(p168)は、この「マルスの月」からきています。

　ギリシア神話の*Arēs*「アレス」も、以前は「火星」という意味で使われていたのですが、いまでは廃語になってしまいました。でも、その痕跡はいまの英語に残っています。単語の最初にareo-がつくと「火星の」という意味が付加されます。例えばareologyと言えば「火星観測」「火星学」のことになります。

　1877年に火星に2つの衛星が発見され、Phobos「フォボス」とDeimos「デイモス」と命名されました。ともにギリシア神話のアレスと愛と美の女神「アプロディテ」(p150)との不倫で生まれた息子の名前です。フォボスはギリシア語では*Phobos*「ポボス」と言い、軍隊に取りついて敗北を引き起こす「恐怖の神」でした。英語のphobiaは「恐怖」という意味です。「高所恐怖症」のことをacrophobia、「外国人恐怖症」をxenophobia、「閉所恐怖症」をclaustrophobiaなどと言います。

　このフォボスは、とても興味深い衛星です。火星の地表から6000kmという低空をまわっているのですが、1年に1.8cmずつ落下していて、5000万年後には火星に衝突してしまうのではないかと言われています。1950年代には「人工天体」ではないかという説もありました。この衛星の密度があまりにも低かったことから、直径16km、厚さ6cm程度の中が空洞の鉄球ではないかと推定されたのですが、いまでは完全に否定されています。

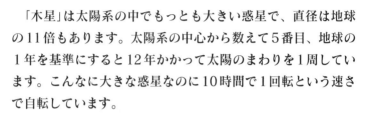

090
Jupiter
［木星］

最高神「ユピテル」

　「木星」は太陽系の中でもっとも大きい惑星で、直径は地球の11倍もあります。太陽系の中心から数えて5番目、地球の1年を基準にすると12年かかって太陽のまわりを1周しています。こんなに大きな惑星なのに10時間で1回転という速さで自転しています。

　太陽からの距離は地球から太陽までの距離の5倍になるため、表面温度は低く、マイナス140度という世界です。いつも雲に覆われていて地表面を見ることはできません。さまざまな色や形の縞や渦が見えるのは、巨大な台風や嵐が起こって雲が動いているからではないかと考えられています。

　「木星」は英語ではJupiter「ジュピター」と言います。これは同じ綴りのローマ神話の最高神Jūpiter「ユピテル」に由来します。ギリシア神話ではZeus「ゼウス」。あの「神々と人間の父」と言われた全知全能の神のことです。

　地球から見ると木星は、太陽、月、金星、火星に次いで5番目に明るい天体です。金星は夕方と早朝にしか見ることができませんし、火星は赤い色をしているため暗めに見えてしまいます。古代の人々は、夜空に常に存在感を誇示しながら輝く木星に、全知全能の最高神「ゼウス」、そして「ユピテル」のイメージを重ねたのでしょう。

　ゼウスは天空の神「クロノス」とその妹でもあった「レア」の子供です。でも最初から、そんなにすごい神だったわけではありません。クロノスは父親の天空の神「ウラノス」の身体を

切り刻んで海に投げ捨てた時に「お前の息子がいつかお前を抹殺して神々の世界を支配するだろう」と言われます。その予言が本当のことになるのを恐れて、生まれてきた5人の子供をみんな飲み込んでしまっていました。ゼウスの祖母である大地の女神「ガイア」は、末っ子で生まれたばかりだったゼウスの代わりに石に産着を着せてクロノスに飲み込ませ、ゼウスを密かにクレタ島に隠します。

　成人したゼウスは、父のクロノスに催吐薬を飲ませて兄弟たちを吐き出させた後、クロノスと仲間のティタン神族を打倒するため、オリュンポスの神々を率いて戦いに打って出ます。これが「ティタノマキア」という大戦争でした。神はみな不死だったためになかなか決着がつきませんでしたが、ゼウスは地獄に閉じ込められていたひとつ目のキュクロプスと100の腕と50の頭を持つヘカトンケイルを救い出して味方につけ、宇宙全体を破壊できるほどの威力がある「雷」という武器を使って、10年間の戦いに勝利します。こうしてゼウスは、神々と人間を支配する最高神となったのです。

　「木星」という意味の英語には、もうひとつJove「ジョヴ」があります。形容詞のjovialはもともと「木星の」「木星の影響下にある」という意味合いでしたが、いまは「陽気な」「愉快な」という意味になっています。木星は「快楽の星」とされ、占星術ではこの星の下に生まれた人は幸せで性格も明るいとされました。

　Jūpiterという名前は、このJoveのもとになったラテン語のJovisと「父」という意味のpater「パテル」が結合してできたものだとも言われています。ユピテル（ゼウス）という神は「天なる父」とも呼ばれていたのです。

091
Saturn
［土星］

「サトゥルヌス」

　「土星」は太陽系の中心から6番目、木星に次いで2番目に大きい惑星で、直径は地球の9倍です。土星と太陽との距離は地球から太陽までの距離の9.5倍で、地球の1年を基準にすると30年かかって太陽のまわりを1周しています。何よりも美しい環があることでよく知られています。この環は土星に近づきすぎて破壊された衛星の残骸とか小さな氷の粒や塵などが集まってできたものではないかとされています。幅は数千万㎞、厚さは最大で1㎞と言われていました。いまでは探査衛星の観測で薄いところは10ｍぐらいしかないこともわかってきました。

　ガリレオ・ガリレイが1610年に自分でつくった望遠鏡で土星を観測した時には、それを環だとは認識できず、「土星はひとつではなく、ほぼ接触している3つの星からなっている」と考えました。でも向きによっては"2つの星"が消えたり、また現れたりしたのです。ガリレイはギリシア神話の*Kronos*「クロノス」＊という神が自分の子供に殺されるのを恐れて生まれたばかりの子供たちを飲み込んだという話になぞらえて、「土星は子供たちを飲み込んだのか？」と書き記しました。

　「土星」は英語でSaturn「サターン」＊＊。ローマ神話の農耕の神*Sāturnus***「サトゥルヌス」からきています。ギリシア神話の「クロノス」と同一視されています。**クロノスは大地の女神*Gaia*「ガイア」と天空の神*Ūranos*「ウラノス」(p202)の子供です。

＊英語ではCronus、「クロウナス」と発音します。

ウラノスは、ひとつ目の「キュクロプス」と100の腕と50の頭を持つ「ヘカトンケイル」という怪物のような息子たちを嫌い、地獄に閉じ込めてしまいます。怒った妻のガイアは息子のクロノスにウラノスを抹殺することを命じます。クロノスが鎌でウラノスの身体を切り刻み、男根を海に投げ込むと、まとわりついた精液の泡から愛と美の女神「アプロディテ」が誕生します。これがローマ神話の*Venus*「ウェヌス」、つまり「ヴィーナス」です。父親のウラノスは海に沈む直前に息子クロノスに向かって、「お前の息子がいつかお前を抹殺して、神々の世界を支配するだろう」と予言をします。だからクロノスは自分の子供たちに殺されることを恐れて、子供をみんな飲み込んでしまっていたのです。

ギリシア神話における神々の歴史は黄金時代・白銀時代・青銅時代・鉄の時代の4つに分けられます。最初の黄金時代は幸福と平和に満ちた時代で、農耕をするには最適の時代でした。その時代を支配していた神がクロノスです。ローマ神話で「サトゥルヌス」と名を変えても、農耕の神として人々から崇拝され、次に息子のゼウスが支配者となるまで最高神として君臨しました。

現在までのところ、土星には85個の衛星があるとされていますが、最大のものは*Titan*「タイタン」、またの名を「ティタン」とも言います。ゼウスが父親クロノスとその仲間のティタン神族も滅ぼそうとして始まったのが「ティタノマキア」という大戦争でした。10年の激しい戦いの末、クロノスとティタン神族は敗北を喫してしまいますが、ギリシア神話のクロノスに由来する「土星」とその衛星「タイタン」(ティタン)は強い絆で結ばれた"戦友"だったのです。

** 土星のSaturn を「悪魔」のSatanだと勘違いしている人がいますが、綴りも違いますし、悪魔の方は「セィタン」と発音します。

092

Uranus
［天王星］

ギリシア神話の天空の神
「ウラノス」

Uranus「天王星」は太陽系の中心から7番目の惑星です。直径は地球の4倍ほどで太陽系の惑星の中では木星、土星に次いで3番目の大きさです。天王星と太陽の距離は地球から太陽までの距離の19倍で、地球の1年を基準として84年かかって太陽のまわりを1周しています。

金星は公転とは逆の方向に自転していますが、この天王星は縦方向に自転しています。つまり自転軸が横向きになっていて北極と南極が左右にあるのです。ということは、84年かかって太陽のまわりを1周していますから、北極と南極では昼が42年続くと次は夜が42年ということになります。理由はわかっていませんが、他の大きな星と衝突したからだとか、かつて近くに巨大な衛星があって、その引力の影響で少しずつ傾いていったのではないかなどと推測されています。

この星は1781年にイギリスの天文学者ウィリアム・ハーシェル（1738～1822）が自分で製作した望遠鏡を使って発見しました。最初は彗星だと考えたのですが、後に土星よりはるか遠くにある太陽系の惑星だということがわかります。ハーシェルは、この新しい惑星をイギリス国王のジョージ3世（1738～1820）にちなんでラテン語でGeorgium Sīdus「ゲオルギウム・シードゥス」と名づけました。ですが、sīdusは「恒星」のことで「惑星」ではないという指摘を受け、英語でGeorgian planet「ジョージの惑星」と名を改めたのです。しかしフランスなどでは、イギリス国王の名前で呼ぶことに抵

抗が強かったため、短期間ですが発見者の名前からHerschel「ハーシェル」と呼ばれるようになります。

　その後も、いくつかの名前が提案されたのですが、最終的に**ドイツの天文学者ヨハン・ボーデ**(1747〜1826)**が、ギリシア神話の「クロノス」の父に当たる天空の神「ウラノス」という名前を提案したところ、それが一般に広まることになりました。**

　しかし、それまで太陽系の惑星はローマ神話の神々の名前で呼ぶのが慣例になっていました。ウラノスはローマ神話では*Caelus*「カエルス」という神と同一視されたのですが、人々から忘れられたマイナーな神だったのです。

　ギリシア神話では、まず天も地も混ざり合ったカオス(混沌)の状態から「ガイア」という大地の女神が誕生し、自力でウラノスという天空の神を産みます。ウラノスはこの世を支配する最高神となり、母親であるガイアと交わってたくさんの子供をもうけますが、その中に怪物のような姿をした息子がいたために地獄に閉じ込めてしまいます。怒った妻のガイアはもうひとり別の息子のクロノス*に夫のウラノスを抹殺するように命じます。クロノスは鋭い鎌でウラノスの身体を切り刻んで海に投げ捨てます。沈んでいく男根にまとわりついた精液の泡から生まれたのが、愛と美の女神「アプロディテ」(p150)、ローマ神話の「ウェヌス」つまり「ヴィーナス」です。

　ウラノスは、死んだのでしょうか？　でも神話の神々は不死のはずです。神に死があるとすれば、それは権威を失って人々の記憶から消えてしまうことです。ギリシア神話の世界に君臨したものの、落ちぶれてしまったウラノスは、ローマ神話でカエルスとなっても存在感を示すことができず、"過去の人"ならぬ"過去の神"となってしまっていたのです。

*ローマ神話では「サトゥルヌス」と呼ばれる「農耕の神」でした。

093

Neptune
［海王星］

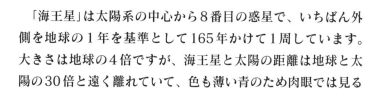

海神「ネプトゥヌス」

　「海王星」は太陽系の中心から8番目の惑星で、いちばん外側を地球の1年を基準として165年かけて1周しています。大きさは地球の4倍ですが、海王星と太陽の距離は地球と太陽の30倍と遠く離れていて、色も薄い青のため肉眼では見ることができません。

　ガリレオ・ガリレイが1612年に小型望遠鏡で観測したものの、別の恒星と考えたため海王星の発見者とはされていません。それからちょうど200年が過ぎた頃、ある天文学者がすでに発見されていた天王星の軌道が未知の惑星の重力によって乱されているのではないかと言い出します。

　1846年フランスの天文学者・数学者のユルバン・ルヴェリエ(1811～1877)が、この未知の惑星の軌道を計算し、結果をドイツ・ベルリン天文台のヨハン・ゴットフリート・ガレ(1812～1910)に手紙で知らせました。ガレが実際に望遠鏡を用いて観測すると、ほぼルヴェリエの計算通りの場所に新惑星が存在したのです。イギリスでも少し前に天文学者・数学者のジョン・アダムズ(1819～1892)が同じく軌道計算をして結果を導き出していました。この3人がほぼ同時に存在を突き止めた新惑星こそ、「海王星」だったのです。

　誰が発見者なのかについては、いまだに意見が分かれています。最初は初めて軌道の計算によって導き出された惑星とされ、発見者は「ルヴェリエとアダムズ」ということになったのですが、「ろくに夜空も見ずに紙の上で計算をしただけで発

＊海王星には土星よりも薄い環があり、主要な3つの環にはルヴェリエ環、アダムズ環、ガレ環という名前がついています。みんな海王星発見者の名前です。

見者と言っていいのか」という批判も起こり、いまではガレも含めた３人が発見者*ということになっています。

　発見の直後は「天王星の外側の惑星」などと呼ばれていましたが、望遠鏡で海王星を発見したガレはローマ神話の双面神 *Jānus*「ヤヌス」(p172)、イギリスでは天文学者ジェームズ・チャリスがギリシア神話の海神 *Ōkeanos*「オケアノス」(p148) という名前を提案しました。ルヴェリエは自分の名をとって「ルヴェリエ」とすることを求めましたが、フランス国外から反発が起こります。結局、惑星の名前が神話の神々から命名されていた伝統もあり、**ローマ神話の海神 *Neptūnus*「ネプトゥヌス」から Neptune「ネプチューン」という名前が提案され、国際的にも受け入れられます**。この惑星が青かったことで、多くの人が「海」にまつわる名前がいいと思ったのです。

　ネプトゥヌスはギリシア神話では *Poseidōn*「ポセイドン」と呼ばれていました。天空の神「ウラノス」(p202)と大地の女神「ガイア」の息子が「クロノス」。父親ウラノスの身体を切り刻んで海に捨て、新しい支配者となって神々の世界に君臨したクロノスが、妹のレアと結婚して生まれたのが「ゼウス」「ハデス」(p207)、そして「ポセイドン」の３兄弟でした。彼らはそれぞれが支配する領域をくじ引きで決めます。その結果、ゼウスが「天空」、ハデスが死者の国「冥界」、ポセイドンが「海」の支配者となり、地上は３人で共有することになったのです。

　ポセイドンは航海の安全を守る神となり、エーゲ海の海底にある宮殿に住み、海馬（タツノオトシゴ）**が引く黄金の馬車に乗って優雅に動きまわりました。しかし、ひとたび怒り出すと狂暴になり、魔力のある trident「トライデント」という「三叉の矛」を操って大地震や大津波を引き起こしたのです。

** 脳の「海馬」という領域は、タツノオトシゴの形に似ていたことから名づけられたものです。

094

Pluto
［冥王星］

冥界の王「プルート」

　「冥王星」は20世紀に入り1930年にアメリカのクライド・トンボー（1906～1997）という天文学者が発見しました。大きさは月の3分の2、太陽からの距離は地球から太陽までの距離の40倍で、地表の温度はマイナス230度と推定されています。

　1821年頃に天王星の軌道が未知の天体によって乱されているのではないかという疑問が生じ、1846年には軌道計算に基づいて実際に望遠鏡で確認するという形で海王星が発見されました。さらに海王星の軌道も他の天体の影響を受けているのではないかという仮説をもとに、世界中の天文学者が新しい惑星を見つけようとやっきになっていました。そんな中で、トンボーがアリゾナのローウェル天文台で最新の天体写真技術を使って"太陽系9つ目の惑星"を発見しました。

　この新しい天体の命名権はローウェル天文台にありました。最終的にMinerva「ミネルヴァ」、Cronus「クロノス」、Pluto「プルート」などの候補の中から天文台の職員が投票して選ぶことになり、満場一致でプルートが選ばれたのです。実はこのプルートという名前を最初に思いついたのは、イギリスのオクスフォードに住む11歳の少女でした。天文学やギリシア・ローマ神話にも興味があった彼女は、新しく発見された星の名前は死者の国の王「プルート」がいいのではないかと考え、大学図書館で司書をしていた祖父に話します。祖父が大学の天文学教授に伝えると、その教授がローウェル天文台にいた同僚に電報を打って知らせたのです。

Plūtō「プルート」は「**冥界の王**」、つまり「**死者の国の支配者**」です。別名 _Hāidēs_「ハデス」＊と言いました。天空の神「ウラノス」(p202)と大地の女神「ガイア」との間に生まれた「クロノス」の子供で、最高神ゼウスと海神ポセイドン(p205)の兄です。英語の Pluto を「冥王星」という日本語に訳したのは翻訳家で天文研究家でもあった野尻抱影で、これが中国でも採用されていまでも使われています。

　これで太陽系の惑星がひととおり発見され、日本でも中心から順に「水金地火木土天海冥」と暗記するようになりました。ところが1979年から1999年にかけて冥王星の軌道が海王星の内側に入り、最後が「冥海」となったのです。ある化粧品会社がコマーシャルで「水金地火木土天冥海」というフレーズを使ったところ、視聴者から「最後は『海冥』ではないか？　子供がテストで間違ったらどうするのか？」という抗議が殺到し、かえって注目を浴びることになりました。"炎上商法"の走りでしょうか。

　しかし2006年、冥王星は太陽系の惑星ではなく"準惑星"に格下げになってしまいます。惑星の新しい定義として「軌道周辺で圧倒的に大きく、同じような大きさの天体が存在しない」という条件が加わったからです。観測技術の発展によって、冥王星のまわりにもっと大きな天体が発見されたのです。その影響は英語にまで及びました。pluto に動詞で「格下げにする」「左遷させる」という意味が加わり、その年の"Word of the Year"に選ばれました。日本でいえば「流行語大賞」です。

　例えば He was plutoed from section chief to ordinary worker. と言えば、「彼は課長から平社員に降格になった」という意味になります。

＊英語では Hades「ヘイディズ」となります。

VI

おもしろい
動植物の英語

動植物の名前も語源をたどってみると
おもしろい発見があります。

英語で「カバ」はhippopotamus、略してhippoと言います。
hipposはギリシア語で「馬」、potamosは「川」です。
「カバ」を漢字で「河馬」と書くのは偶然の一致でしょうか？

「カバ」は昼間は水中で生活し、夜は陸に上がって草や木の葉などを食べます。

canary
［カナリア］

大西洋の「カナリア諸島」

　「カナリア」は美しい声で鳴く黄色い鳥です。英語では canary、少し緑がかった鮮やかな黄色のことを「カナリー・イエロー」と言います。**この名前はアフリカ大陸の北西100㎞ほど沖の大西洋上に浮かぶスペイン領Canary Islands「カナリア諸島」からきています。**カナリアは、この島々の原産の鳥なのです。

　16世紀にスペイン人の船員によってヨーロッパに持ち込まれると、飼い鳥として瞬く間に人気となりました。いまでは自然淘汰（とうた）や品種改良によって、色も黄色だけではなく、赤やオレンジや白、より美しいさえずりで鳴くものなど、多種多様なカナリアが生まれています。

　そんなお馴染（なじ）みのカナリアですが、英語でも日本語でも何か"悲しい鳥"というイメージがあります。例えば英語には canary in the coal mineという表現があります。「炭鉱のカナリア」という意味です。鉱員たちはカナリアを入れたカゴを坑道の中に持ち込みました。有毒ガス検知のためです。何か異常があると、鳴き声がやんだりおかしな動きをしたりします。炭鉱では、こうして聴覚と視覚で危険を察知していたのです。

　オーストラリアやニュージーランドでは、canaryが「囚人」という意味で使われることがあります。牢獄（ろうごく）に入った罪人を鳥カゴの中で飼われているカナリアにたとえた表現なのですが、イギリス本国から船で移送された囚人たちが黄色い囚人服を着させられていたことからきた表現だとも言われていま

す。日本でも、詩人の西條八十が書いた「かなりや」という童謡がありました。「歌を忘れたかなりやは／うしろの山にすてましょか」という、とても残酷な歌です。

　それでは、そもそも Canary Islands「カナリア諸島」のcanaryとはどういう意味なのでしょうか？　この島には巨大な野犬が数多く生息していました。「犬」のことをラテン語で*canis*「カニス」、「犬の」という形容詞は*canārius*「カナーリウス」と言いました。ラテン語で「島」は*insula*「インスラ」です。そんなことで、この島は *Canāria Insula*「犬の島」と呼ばれるようになりました。現在のスペイン・カナリア諸島自治州の紋章は、7つの島を描いた盾の上に王冠が置かれ、それを2匹のカナリア色をした「犬」が支えているという構図になっています。

　このラテン語の*canis*「犬」からは、多くの英単語が誕生しています。「犬」はご存じのようにdogですが、他にも「子犬」はpuppy、「猟犬」はhoundなどと言います。ちょっと難しい単語にはcanine＊があります。「ケィナイン」と発音し、洒落て「K9」などと表記することもありますが、総合的に「イヌ科の動物」を意味します。kennelは「犬小屋」という意味で、「犬が寝る」から「ケンネル」などと覚えた人もいるでしょう。ラテン語の*canis*「犬」が*canīle*「カニーレ」と変化し、中英語の*kenil*となって現在のkennelとなったものです。

カナリア諸島自治州の紋章

＊学術的な単語で、例えば「犬歯」のことをcanine toothと言ったりします。

kangaroo

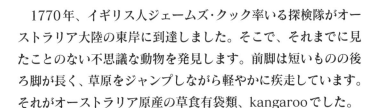

［カンガルー］

飛び跳ねるもの

　1770年、イギリス人ジェームズ・クック率いる探検隊がオーストラリア大陸の東岸に到達しました。そこで、それまでに見たことのない不思議な動物を発見します。前脚は短いものの後ろ脚が長く、草原をジャンプしながら軽やかに疾走しています。それがオーストラリア原産の草食有袋類、kangarooでした。

　クックがこの土地の住民であるアボリジニに「あの動物は何と言うのか？」と尋ねました。ところが言っていることが理解できなかったため、現地の言葉で「わからない」という意味で「カンガルー」と答えたという話があります。クックがそれを動物の名前だと勘違いして、世界中に広まったというのですが、それはどうも創作された話のようです。

　言語学者の中には、この地域のアボリジニの言葉で「カンガルー」に近い発音で、本当に「わからない」という意味の単語があったのかどうかを調査・研究した人もいましたが、いまだに証拠は見つかっていません。

　この動物は、アボリジニの言葉で本当に*ganguruu*と言い、「灰色のオオカンガルー」のことでした。直接的な意味としては「飛び跳ねるもの」を指します。

　このオーストラリア探検には、博物学者で植物学者でもあったジョゼフ・バンクス(1743〜1820)も同行していました。後にイギリス王立協会の会長となる貴族ですが、彼の日誌には「カンガルーを殺した」という記述があり "*Kangaru*" と綴られています。

　オーストラリアにカンガルーという奇妙な動物が生息して

いることは、瞬く間にヨーロッパやアメリカにも伝わりました。そのため英語にはkangarooを使ったいろいろな表現が誕生することになります。

　例えば、19世紀の中頃からアメリカで使われるようになったkangaroo court「カンガルー裁判」という表現です。法律や人権などを無視した非公式の「つるし上げ裁判」のことです。被告に偽の証拠を矢継ぎ早につきつけ、答えられずにぐずぐずしているとすぐに有罪になり処刑されました。ひと跳びに審理が進んで判決の出る裁判をカンガルーのジャンプにたとえたものです。

　この表現はまた「人民裁判」という意味でも使われます。ひとりを大勢が取り囲んで、口々に激しく罵り続ける、主に思想改造のために行われる糾弾方法なのですが、次から次へとパンチを繰り出しては蹴りを入れるカンガルーの攻撃に似ていたので、こんな表現ができました。

　kangaroo closureという一種の政治用語もあります。「カンガルー式審議打ち切り」ということです。ある議案を話し合う際に他の意見や案が出てきたとしても、議長が無視して、ひとつに絞り込んで時間をかけずに審議する方法です。

　良い表現としては、kangaroo careがあります。生まれたばかりの赤ん坊を母親が肌と肌を密着させて抱く保育法のことです。特に未熟児の状態が安定した時に保育器から出して母親が抱きスキンシップをはかることで、新生児の呼吸が安定したり母乳の分泌が促進されたりして、母子の絆が深まるといった効果があるとされています。もちろん、カンガルーの母親が小さな子供をお腹の袋の中に入れて、大切に育てていることから生まれた表現です。

pedigree「血統」はツルの脚

　「ペディグリーチャム」というドッグフードがあります。アメリカのペットフードの会社が登録している商標で、英語ではPedigree Chumと綴ります。

　pedigreeを英和辞典で引くと、「系図」「血統」「(動物などの)血統書」といった意味が並んでいます。chumは「親友」「仲間」ですから、直訳すると「血統の友」といった意味でしょうか？

　このpedigreeの語源ですが、何とフランス語のpied de grue「ツルの脚」に由来しています。英語に直訳すればcrane's footです。

　その昔、ヨーロッパでは王侯貴族の間で「家系図」が重要視されていました。後継者を誰にするかで頻繁に戦争や殺人が起こっていたくらいですから、正統な「血統」というものが重んじられていたのです。

　家系図を作成する専門家はフランス人に多かったのですが、先祖から子孫たちに枝分かれする線が「ツルの脚」のように見えたことから、古フランス語でpie de grueとなり、中英語でpedegrue、15世紀になってpedigreeという英語になりました。

　他にも「家系図」を表す英語があります。ちょっと難しい単語なのですが、genealogyと言います。ギリシア語のgeneā「生まれ」「血統」からきています。もうひとつ、すごく簡単な

表現がfamily treeです。いちばん古い先祖を幹の根元にしてどんどん広がる形が、枝葉を伸ばす樹木のようだったことからできた単語で、発想としてはpedigreeと同じです。

最初は「家系図」という意味だったpedigreeですが、やがて少しずつ意味を広げていきます。「立派な家柄」とか「名門」「血統」も意味するようになりました。family of pedigreeと言えば「名家」「旧家」ですし、woman of pedigreeで「名家出身の女性」という意味になります。さらに言葉や物事の「起源」「由来」、人の「経歴」という意味にもなりました。pedigree of a wordは「語源」「言葉の由来」、academic pedigreeは「学問上の経歴」のことを言います。

17世紀に入ると、動物の「血統」という意味でも使われるようになります。pedigree dog、あるいはpedigreed dogは「血統書付きの犬」という意味です。

では、逆に「雑種」は何と言うのでしょうか？　いちばんわかりやすいのはmixed breedとかcrossbreedでしょう。動植物では最近hybridという言葉がよく使われるようになっています。hybrid rice「ハイブリッド米」などは、もうすっかりお馴染みの言葉となっています。犬の「雑種」ならmongrelあるいはmuttです。

人の「混血」の場合は、例えばShe is half-Japanese and half-American.「彼女は日本人とアメリカ人のハーフです」などと言います。

dandelion
［タンポポ］

/ ライオンの歯

　タンポポって、よく考えてみるととてもユニークな植物です。花びらが黄色か白で、道端でも空き地にでもどこでも咲いている、なんの変哲もない花です。ところが、花が閉じてつぼみのようになると、今度は綿毛のついた種子が現れます。それがたくさん集まって丸い球のようになり、風に吹かれて飛び散ります。綿毛がふわふわと漂い、雪のように見えることもあります。

　「タンポポ」は英語でdandelion「ダンディライオン」と言います。中世ラテン語の*dēns leōnis*がフランス語の*dent de lion*を経由して英語になったものです。*dent*は「歯、牙（きば）」、*lion*は英語では「ライオン」ですが、フランス語では「リオン」*と発音します。真ん中の*de*は「〜の」、英語のof に相当しますから、「ライオンの歯」という意味です。タンポポのギザギザした葉っぱの形がライオンの歯に似ていたことからできた単語です。"dandy lion"（ダンディーなライオン）ではありません。

　もうひとつ、タンポポを意味する英語にpissabedという俗語があります。pissは「小便（する）」**、abedは「ベッドで」という副詞ですから「ベッドでおしっこをする」、

「ライオンの歯」のような
タンポポの葉

*フランス南東部の商業都市「リヨン」はLyonです。

つまり「おねしょする」という意味です。タンポポには利尿作用があることから、こんな単語が生まれました。

　現在のフランス語では *dent-de-lion* とも言うのですが、それほど一般的な言葉ではありません。ふつうは英語のpissabedと同じ発想で *pissenlit*「ピサンリ」と言います。フランス語で *pisse* は「小便」、*en* は場所を示す前置詞で英語ならatとかin、*lit* は「ベッド」という意味です。

　dandelionだけでなく、現在の英単語にはラテン語の *dēns*「歯」の痕跡がたくさん残っています。「歯医者、歯科医」はdentistと言います。「歯の手入れ」はご存じdental care、「歯科衛生」はdental hygiene、「歯科衛生士」はdental hygienist、ちょっと難しくなりますが「歯科医学」はdentistryとなります。

　これはイタリア語ですが、「アルデンテ」という言葉があります。いちばんおいしく食べられるスパゲッティの茹で方で、麺がやわらかくなる寸前の、前歯で嚙み切る時に微かな歯ごたえが感じられる状態のことを言います。イタリアン・レストランでパスタを注文する時に「アルデンテで！」などと言う気障な人もいます。これは *al dente*、直訳すると「歯に」ということです。イタリア語の *dente*「デンテ」もラテン語の *dēns* に由来します。

　私は若い頃バックパックを背負ってヨーロッパを放浪していました。フランスのとある町で、スティーヴン・スピルバーグ監督の映画 "JAWS"「ジョーズ」の看板を見ました。サメが口を開いて牙をむき出している写真の上に、大きなフランス語のタイトル文字がありました。それが "*Dent de la Mer*"、何と「海の牙」という意味だったのです。

＊＊「小便」は少し硬い英語ではurine、「小便する」はurinateとなります。幼児語の「おしっこ（する）」はpeeと言います。pissの婉曲表現です。

gorilla

［ゴリラ］

西アフリカの
「毛深い種族」

　紀元前9世紀から紀元前2世紀にかけて、アフリカ大陸の北端に「カルタゴ」*という都市国家がありました。航海技術や造船技術に優れたフェニキア人が建設した街で、地中海貿易の中心地として繁栄していました。

　紀元前5世紀のこと、カルタゴ出身のハンノという提督が、地中海からジブラルタル海峡を越えて、アフリカ大陸の西岸に沿って南下し、現在のコートジボワール付近まで探検しました。

　西アフリカ沿岸のある島に上陸した時、体中がびっしり剛毛で覆われている現地人と遭遇します。案内人は彼らのことを*gorillai*「ゴリッライ」と呼びました。男たちは石を投げて反撃しながら茂みに入り逃げ去っていきましたが、3人の女性を捕まえます。彼女たちも剛毛に覆われていました。嚙みついたり引っ搔いたりして抵抗したので、焼き殺して皮を剥いでカルタゴに持ち帰りました。この「航海記」は、カルタゴの神殿の石板にフェニキア文字で刻まれ、後にこの都市国家を侵略したローマ人によってギリシア語とラテン語に翻訳されます。

　それから2300年後の1836年、西アフリカを布教で訪れていたトーマス・サヴェージという宣教師が未知の類人猿のものと思われる頭蓋骨を発見します。友人の博物学者ジェフリーズ・ワイマン（1814〜1874）がそれを新種の生物だと確認すると、サヴェージがハンノの航海記の記述を思い出して、この動物をgorilla「ゴリラ」と命名したのです。

---

*英語ではCarthage「カルテッジ」と言い、現在のチュニジアのチュニスあたりにあったと言われています。

098

おもしろい動植物の英語

099
rhinoceros
［サイ］

 「鼻」と「角」

　動物の「カバ」は英語でhippopotamus「ヒッポポタムス」と言います。これはギリシア語の*hippopotamos*からきています。*hippos*は「馬」、*potamos*は「川」という意味です＊。こんなおもしろい語源の言葉なのに、ふつうの会話ではhippo「ヒッポ」と短くしてしまいます。

　「サイ」はrhinoceros「ライノセロス」と言い、ギリシア語の*rhīnokerōs*からのラテン語の*rhīnocerōs*からきています。**rhīno-は「鼻」、-kerasは「角」という意味です**。こちらも、ふつうの会話では短くしてrhino「ライノ」と言い、子供向けの絵本や百科事典でもそのように表記されています。イギリスでは17世紀初めから、アメリカでも半世紀遅れて、この省略形が使われるようになりました。

　rhino-で始まる英単語は「鼻」に関連しています。ちょっと難しいのですが、rhinology「ライノロジー」と言えば「鼻科学」のことです。

　サイの省略形のrhinoにはもうひとつ、主にイギリスで使われる俗語で「お金」という意味があります。サイの角の粉は「精力増強薬」や「解毒薬」としてとても人気がありました。ペストが大流行した時にも、ペテン師が伝説上の動物「一角獣」の角の粉を飲めば感染しないと人々を騙して、サイの角の粉を高く売りつけたこともあったのです。そんなふうにサイの角で金儲けした人が多かったために、rhino「サイ」が「お金」とか「現金」の意味になったのではないかと言われています。

＊日本語でも「カバ」は漢字で「河馬」と書きます。

100
chameleon
［カメレオン］

地表のライオン

　「ライオン」は英語でlion＊、発音は「ライアン」となります。ギリシア語では*leōn*「レオン」、ラテン語では*leō*「レオー」と言いました。昔、手塚治虫の『ジャングル大帝』という漫画がありアニメにもなりました。その主人公が白ライオンの「レオ」。プロ野球の西武ライオンズのマスコットに採用され、西武の選手たちは「レオ軍団」と呼ばれています。

　「カメレオン」というトカゲの仲間がいます。英語では chameleonとなりますが、その後半の-leonは何とギリシア語の「ライオン」からきています。ギリシア語では*khamaileōn*と言いました。*khamai*は「地表の」という意味なので、「地表のライオン」ということだったのです。

　でもカメレオンには、枝の上を這って背景と同じ色に自分の体の色を変えたり、長い舌で昆虫を捕えたりしているイメージがあります。なぜ「地表の」なのでしょうか？　砂漠など地表で生息している種もいるので、そこからの発想だったのかもしれません。ギリシア語の*khamai*には、もうひとつ「ちっぽけな」という意味もあったので、「小さなライオン」からきているという説もあります。

　「カメレオン」は19世紀までは*camelion*と綴られていました。14世紀から15世紀にはそれが何と「キリン」という意味でも使われていたのです。現在の英語では「キリン」はgiraffe「ジラフ」ですが、こう呼ばれるようになったのは16世紀になってからのことでした。

＊「雌ライオン」はlionessと言います。以前、ライオネス飛鳥（あすか）という女子プロレスラーがいました。

宇宙からも確認できると言われる「ハドリアヌスの長城」

歴史が刻まれた英語

歴史的な潮流や大事件からも数多くの英単語が誕生しました。

古代ローマ帝国は2世紀に領土が最大になりました。第14代皇帝ハドリアヌスは異民族の侵入を防ぐとともに国土の限界を定めるためにブリテン島に120kmの長城を築かせます。ラテン語で「国境」「境界」のことをlīmes「リーメス」と言いました。それがある英単語の語源となっています。

ostracize
［追放する］ ／陶片

　古代ギリシアでは、紀元前８世紀には王に代わって貴族が実権を握り、政治を行うようになりました。「貴族政治」のことを英語でaristocracyと言いますが、これはギリシア語の「*aristo-*（最上の）＋*-kratia*（支配）」からきています。しかし、貴族政治は決して「最上の支配」ではありませんでした。貴族の中に権謀術数を駆使して独裁的権力を握ろうとする者も出てきたからです。

　武力など非合法な手段で権力を奪取して、身分を超えて君主となった者のことをギリシア語で*turannos*「テュランノス」と言いました。日本語ではちょっと難しいのですが「僭主」と言います。英語ではtyrant＊、「暴君」「専制君主」という意味もある単語です。「僭主政治」ならtyranny＊＊です。これにも「暴政」「専制政治」という意味があります。

　古代ギリシアで有名な僭主と言えば、真っ先に「ペイシストラトス」の名が挙げられます。戦争で活躍して人気を得たこの貴族は、自ら自分の身体（からだ）に傷をつけて「政敵に襲われた」と嘘（うそ）をつき、自分を守るための親衛隊を持つ許可を得ました。市民に武器を持って広場に集まるように呼びかけて、演説をしている間に部下が武器を取り上げたこともありました。こんな汚い手を使って権力を握り独裁者に成り上がったのです。

　しかしペイシストラトスの独裁期間は平和で安定した時代となります。貧しい農民に土地を分け与え、銀山を開発するなどして、経済もかつてないほどの繁栄を築きました。市民の文化

＊tyrantの発音は「タイァラント」となります。

を積極的に保護するなどの善政を行ったのです。しかしペイシストラトスが亡くなり、息子たちが権力を握ると文字通りの暴君となり恐怖政治を敷くことになります。

そんなひどい僭主の出現を防ぐために「陶片追放」という制度がありました。将来的に独裁者になる恐れがあり、政治を行うのに不適当だと思われる人物の名前を陶片に刻んで投票したのです。**陶片とは瀬戸物の割れた欠片（かけら）のことです。ギリシア語で**_ostrakon_**「オストラコン」と言い、それが英語で**ostracon**となりました。動詞の**_ostrakizein_**「陶片追放する」が英語で**ostracize**、**_ostrakismos_**「陶片追放」が**ostracism**となります。**当時、紙はエジプトから輸入される貴重品だったので投票には使われませんでした。

この"不人気投票"で、得票数が6000を超えた者のうち1位の得票者が10年の間、国外追放になったのです。でも市民権を失ったり、財産を没収されたりするようなことはありませんでした。しかし後に、この制度は政争の具となり本来の意義を失うことになります。

現在ではostracizeという英語は、単に「追放する」との意味で使われますが、特に「締め出す」「排斥する」というふうに集団の中で差別された人を「追い出す」といったニュアンスの言葉になっています。二千数百年前の古代ギリシアの出来事の痕跡が、こんなふうに現在の英単語にも残っているのです。

実際に「陶片追放」で使われた陶片
（古代アゴラ博物館蔵）

＊＊ tyrannyは「ティラニー」と発音します。

102
barbarian
［未開人］／わからない言葉を話す人

　古代ギリシアは、紀元前6世紀頃に貴族政治から民主政に移行します。平民も戦争に参加し勝利に貢献するようになると、発言権が高まり参政権を持つようになったのです。しかし女性や奴隷は政治から排除され、国内に居住する外国人には参政権がなく、不動産を所有することもできませんでした。

　このようにギリシア人は、他民族に対して排他的な姿勢をとり *barbaroi*「バルバロイ」と呼びました。「わけのわからない言葉を話す人々」という意味です。話す言葉が「バルバル」と聞こえたからだと半分冗談で言われていますが、私はかなり信憑性のある説だと信じています。言葉って、こんなふうにして生まれるものだと思うのです。

　最初は単に「言語や習慣が違う人」「外国人」という意味だったこの言葉が、そのうちに周辺地域から奴隷などが連れてこられるようになったために、軽蔑的なニュアンスを含むようになりました。

　barbaroi は複数形で、単数は barbaros「バルバロス」。これには形容詞で「外国人の」という意味もあり、ラテン語の barbarus「バルバルス」を経由して、barbarous「未開の」「野蛮な」、barbarian「未開人」「野蛮人」、barbarism「未開」「野蛮」、動詞の barbarize「野蛮にする」などの英語が生まれました。

　16世紀から19世紀にかけて、アフリカ大陸の北端はBarbary＊と呼ばれていました。日本語では「バーバリー地方」

＊イギリスを代表するファッション・ブランド「バーバリー」はBurberryです。

「バルバリア地方」と言うこともあります＊＊が、ここはギリシアやローマの地中海を挟んだ向かいです。古代ギリシア人や古代ローマ人から見て、近隣の「外国」であり「未開の地」だったことも、この地名の由来となっています。

実は「勇敢な」「勇気がある」という英語braveもラテン語のbarbarusからきています。未開人と戦争をすると、時として理解できないような激しい戦い方をすることがありました。その激しさは「勇気がある」ことからきていると考えたのです。

15世紀になって、このbraveに「素晴らしい」「華やかな」「見事な」という意味が加わります。クラシック・コンサートで"Bravo!"という声がかかることがあります。何とこのイタリア語も同じ語源を持つ言葉なのです。

225
barbarian

おもしろいことに、barbarianが「ひげ」に関連してできた単語だという説もあります。ラテン語のbarbatusは「ひげを生やした」という意味ですが、これは「ひげを剃らない野暮な人」を指す軽蔑的な言葉でもあったのです。確かに古代ローマではほとんどの男性はひげを剃っていました。

ところが共和政ローマ時代の政治家カトーは、ひげを剃るローマの風習は女々しいとして批判しました。なぜひげを生やさなかったかと言うと、戦争でひげをつかまれて敵に捕らわれることのないようにするためだったとされています。でも、「外国」の兵士は立派なひげを生やしていました。それがとても勇敢なことだと解釈されたのです。

英語で「顎ひげ」をbeardと言いますが、フランス語ではbarbe「バルブ」となります。「理髪師」は英語でbarberです。どれもみな同じ語源からきている仲間の言葉なのです。

＊＊ アフリカ大陸の北部は、現在ではMaghreb「マグレブ」と呼ばれています。

tragedy
［悲劇］

ヤギの歌

　古代ギリシア時代、アテネでは「悲劇」や「喜劇」などの演劇が盛んに上演されました。民主政のもとで人々に自由を享受する余裕が生じ、人間の持つ滑稽さや残酷さ、惨めさを客観的に見つめることができるようになったのです。三大悲劇詩人としては「アイスキュロス」(前525頃～前456)、「ソポクレス」＊(前495～前406)、「エウリピデス」(前485頃～前406)が知られていますが、作品は散逸してしまい、現在残っているのは三十数篇だけです。

　英語のtragedy「悲劇」は、ギリシア語のtragōidiā「ヤギの歌」からきています。tragos は「ヤギ」、ōidē は「歌」のことです。これにはいろいろな説があります。開演前にヤギを生贄にして神に捧げ、それをもっとも素晴らしい演技をした役者や感動的な作品を書いた悲劇詩人に賞品代わりに授与したからだとか、神に捧げるために屠られた「贖罪のヤギ」の悲しみを思って歌った歌からきているとも言われています。

　悲劇は役者の演技とkhoros「コロス」という合唱隊との掛け合いによって進行していきました。コロスは芝居の背景とか役者がセリフでは語らない心の内、つまり台本でいえば「ト書き」のような部分を歌い上げるという役回りでした。彼らは酒の神Dionȳsos「ディオニュソス」の従者「サテュロス」というヤギに似た森の精霊の扮装をしていました。「ヤギの歌」は、このコロスの姿からきているとも言われています。ちなみに英語のchorus「コーラス」は、このkhoros「コロス」という合唱隊に由来します。

＊「ソフォクレス」とも言います。

comedy
［喜劇］

酒宴の歌

　英語のcomedy「喜劇」は、ギリシア語の「*kōmos*（酒宴）＋ *ōidē*（歌）」からきています。古代ギリシアのある地方では、酒の神*Dionȳsos*「ディオニュソス」を崇拝していました。その神を祝う祭りの日、村人たちは男根の"張りぼて"を先頭に掲げて、大酒を飲みながら村中を練り歩きました。大声で滑稽で卑猥（ひわい）な歌を歌ったりして、陶酔と狂乱の中で日頃の鬱憤（うっぷん）を晴らし、魂（たましい）の解放を求めたのです。

　このような「酒宴」、特に「酒を飲んでのどんちゃん騒ぎ」のことをギリシア語で*kōmos*と言いました。*ōidē*は「歌」のことですから、祭りで酒を飲んでふざけて歌った歌は*kōmōidiā*「コーモーイディアー」と呼ばれるようになります。これがラテン語で*cōmoedia*「コーモエディア」となり、古フランス語の*comédie*を経てcomedyという英語になったのです。

　古代ギリシアを代表する喜劇詩人と言えば、何と言っても「アリストパネス」*（前450頃～前388頃）です。かの大哲学者ソクラテスを皮肉った「雲」、現世に嫌気がさし空中の鳥の国に住む夢想家を描いた「鳥」などは、現在でもしばしば上演されています。悲劇詩人「アイスキュロス」と「エウリピデス」を"パロディ"にした「蛙（かえる）」も有名な作品です。実はこの「パロディ」も喜劇の手法のひとつでした。英語ではparodyですが、「*para*（傍らの）＋*ōidē*（歌）」からなり、有名な歌をおちょくるためにつくった滑稽な歌のことでした。そのうちに、まじめな文学作品などを巧みに真似（まね）て、滑稽で下品な内容に改変するという意味になったのです。

＊「アリストファネス」とも言います。

105
symposium
［シンポジウム］ / 酒宴

　もうほとんど日本語と言ってもいい英語にsymposium「シンポジウム」があります。日本語では略して「シンポ」とも言います。あるテーマについて複数の専門家が異なった視点から意見を述べ、聴衆や司会者からの質問にも答えるという形式の討論会のことです。英語では「シンポゥジアム」と発音します。

　これはギリシア語のsumposion「シュンポシオン」からきています。sum-は「ともに」、-posionは「飲むこと」です。「一緒に酒を飲むこと」、つまりは「酒宴」という意味です。これがラテン語でsymposium「シュンポシウム」となり、そのままの綴（つづ）りで英語になりました。

　古代ギリシア人にとっては、飲み友達と酒を酌み交わしながら、自分の話を聞いてもらったり、他の人のおもしろい体験談を聞いたりすることは、何よりも楽しく大切な時間だったのです。やがて社会や文化の成熟度が増すにつれて、そんな酒席で教養溢（あふ）れる知的な議論をすることが流行となります。

　古代ギリシアの哲学者プラトン(p76)の著書に『饗宴（きょうえん）』があります。実は、この本のギリシア語の原題がsumposion「シュンポシオン」なのです。プラトンの師と言えばソクラテスですが、この哲学者は

「シュンポシオン」の様子が描かれた
紀元前5世紀のフレスコ画

著書を全く残していません。にもかかわらず、偉大な哲学者として後世に名が残っているのは、弟子のプラトンがソクラテスの膨大な言葉を書き残したからです。ほとんどが複数の登場人物の間で交わされる会話形式の「対話篇」と呼ばれるものです。話し言葉で書かれているので、議論の展開や話し手の思考の推移もつかみやすいのです。

プラトンの対話篇のひとつが、この『饗宴』です。ソクラテスをはじめ文学青年、喜劇作家、悲劇作家、政治家、医師などが「愛」をテーマに即興で語るという内容になっています。最初に登場した文学青年は、神話や文学作品を引用しながら滔々と性愛の神「エロス」を賛美します。次の発言者は肉体的な愛欲に耽る「世俗的な愛」ではなく、理性的な男性による少年への愛こそが神聖な「天上の愛」であると述べたのです。当時は、大人の男性が有能な少年の庇護者となって愛し育てるという「少年愛」が社会的にも認知されていて、奨励さえされていました。

このような愛についての議論が続く中、ソクラテスの発言で様相は一変します。究極の愛とは「美のイデアを愛し求めることだ」と主張したのです。*ideā*「イデア」とは「姿」「形」を意味するギリシア語で、「原型」とか「本質」と訳されることもあります。個々の美ではなく、人それぞれの感覚で判断されるものでもなく、どんなに時間がたっても、どんな場所にあっても変わらない、すべてを超越した絶対的な美の原型——それを「美のイデア」と定義して、それを追求することこそが「本当の愛」だと結論づけたのです。

超難解で、お酒を飲みながらできるような話ではないかもしれません。

academic
［学問的な］

アカデモスの森

　古代ギリシアの哲学者ソクラテスは「若者を堕落させ、異教の神を信じるように説いた」という罪で裁判にかけられ死刑となります。紀元前399年のことでした。それから12年後、弟子のプラトン(p76)はアテネから2kmほど北西の森の中に*gumnasion*「ギュムナシオン」(p40)という「学校兼体育場」を開設します。

　この森はギリシア神話の英雄*Akadēmos*「アカデモス」を祀る神域にもなっていて*Akadēmeia*「アカデメイア」と呼ばれていました。academic「学問的な」やacademy「学校」「学会」「学士院」という英語は、この森の名前に由来します。

　アカデモスはトロイ戦争で活躍した半神半人の英雄です。アテネ王テセウスがゼウスの娘ヘレネを略奪して幽閉するという事件があったのですが、その時にヘレネ救出に向かった

ポンペイで発掘された「アカデメイア」を描いたモザイク画（ナポリ国立考古学博物館蔵）

兄たちを援助したのがアカデモスでした。ヘレネはまだ12歳でしたが、愛と美の女神アプロディテからすべての男たちの心を虜にする力を与えられた絶世の美女だったのです。ちなみに、ヘレネは後にスパルタ王の妃となりますが、トロイの王子パリス*と駆け落ちしてしまいます。これが原因でギリシア連合軍と

＊トロイ戦争で、アキレウスの踵に向かって矢を放って殺しました。

城塞国家トロイとの「トロイ戦争」が起こったのです。

　プラトンがこのアカデメイアに学園を開設したのには、師ソクラテスの死がありました。死刑判決を受け毒を仰いで死んでしまったソクラテスを見てプラトンは、金銭欲や名誉欲にとらわれ政治闘争に明け暮れる人々の中で、純粋に哲学を説くことは困難だと悟り、自らの身をアテネから遠ざけます。郊外のアカデメイアの森で、哲学を基本に正しい政治や人生のあり方を自ら考察し、自由な学問の場をつくろうとしたのです。

　静かなオリーブの林もあり、プラトンはそこを散策しながら思索に耽り、弟子たちとの問答で真理を導き出しました。入学した青年たちは、まず算術、幾何学、天文学を学び、基礎として身につけてから哲学に専念することになります。特に幾何学は、感覚や知覚に頼らず的確に物事を分析・判断するための訓練として重要視されました。

　アリストテレス（前384〜前322）もアカデメイアで学んだ弟子のひとりでした。哲学のみならず「倫理学」「政治学」などあらゆる学問を修めて「諸学の父」と言われたほどの大学者でした。マケドニア王のフィリッポス2世から招かれて、まだ王子だったアレクサンドロス＊＊（前356〜前323）の家庭教師となったことでも知られています。

　アカデメイアはプラトンの死後も長く存続しましたが、紀元後529年に東ローマ帝国皇帝ユスティニアヌス1世（482頃〜565）によって閉鎖され、900年にわたる歴史に幕を閉じることになります。東ローマ帝国では、キリスト教会の付属以外の学校は認められなかったからです。しかし「アカデメイア」という名称とその精神は、以後もヨーロッパで“自由で純粋な学問”の象徴として語り継がれることになります。

＊＊ 有能な家臣団を従えてオリエント世界に大帝国をつくった「アレクサンドロス大王」です。「アレキサンダー」「アレクサンダー」とも呼ばれます。

107
senate
［上院］

古代ローマの「元老院」

　紀元前753年頃、ローマ建国の父で初代の王でもあったロムルス(p166)は、100人の長老を集めて王への助言や補佐を行う機関をつくりました。これが「元老院」の始まりです。

　共和政時代には、貴族から選ばれた300人の終身議員によって構成される最重要の政治機関となり、行政・軍事の最高責任者である執政官に対する監視や助言を行うようになります。執政官の任期が1年だったのに対して、元老院議員には任期がなく死ぬまで議員でいることができました。そのため知識と経験を蓄積することができ、次第に民衆の信頼を勝ち得て実質的な最高議決機関となったのです。

　帝政時代になっても、当初は新しい皇帝を承認するなど重要な役割を担う政治機関として機能していました。しかし、乱暴な政治を行う皇帝としばしば対立し、政治的混乱を生むことも多くなって次第に有名無実化していきます。

　「元老院」はラテン語で_senātus_**「セナートゥス」と言いました。「老人」「老いた」という意味の**_senex_**「セネクス」に由来する言葉です。「元老院議員」は**_senātor_**「セナートル」*と呼ばれました。アメリカ連邦議会の**senate**「上院」、**senator**「上院議員」は、このラテン語に由来します。**

　senior「年長者」「年上の」やsenile「もうろくした」「ぼけた」、そして驚いたことに敬称のsirなども、みな同じ語源から誕生した英語なのです。

---

*「元老院議員」は_patrēs_「パトレース」とも呼ばれました。「父親たち」という意味です。

dictator
［独裁者］

古代ローマの「独裁官」

　紀元前6世紀、古代ローマは恐怖で市民を支配した第7代王「タルクィニウス・スペルブス」が追放されると共和政に移行します。当時、ローマの人々が何よりも恐れたのは「独裁者」の出現でした。王の代わりに設置された行政・軍事の最高責任者が*consul* ＊「執政官」です。定数が2人で任期もたったの1年でした。このようにして、互いの動きを牽制し、権力の集中と暴走を防いだのです。

　ところが、いったん戦争や疫病の大流行などの非常時になると、*dictātor*「ディクタートル」と呼ばれる「独裁官」が任命されました。他の官職はみな選挙で選出されたのですが、唯一独裁官だけは元老院が指名し執政官が任命することができたのです。あらゆる領域に及ぶ絶大な権限を持っていましたが、任期は最長6か月と短く、再任は認められていませんでした。

　しかし共和政時代の英雄ユリウス・カエサルは、市民の圧倒的な支持を背景に自らの独裁官の任期を10年に延ばし、ついには"終身独裁官"となります。ところが最後には独裁者になる危険性があると疑われ、政敵に暗殺されてしまいます。

**　*dictātor*は「繰り返し言う」「書き取らせる」という動詞の*dictāre*から派生した言葉で、「命令する人」という意味でした。英語のdictator「独裁者」は、この古代ローマの「独裁官」からきています。**

　チャールズ・チャップリン監督・主演の「独裁者」という名画がありました。その原題は"The Great Dictator"でした。

＊英語のconsul「領事」は、このconsulからきています。「協議する」という意味のconsulereから派生したものです。

candidate
［立候補者］

白い服を着た人

　共和政ローマ時代に実際に政治を執り行った政務官として
は、最高政務官の「執政官」、法律をつくり裁判も担当する「法
務官」、治安や祭りを取り仕切る「造営官」、国庫の管理をし
た「財務官」などがありました。やがて平民の発言力が強まる
と「護民官」という官職もできます。平民が平民の中から選ぶ、
平民の権利を守るための官職で、政務官や元老院の決定に対
する拒否権まで持っていたのです。

　古代ローマでは、上流階級の男性は布をゆったりと身体に
巻き付けた「トガ」という上着を着用していました。公職に就
こうと立候補した人は、特に「白いトガ」を身に着けて演説を
します。自らの潔癖さと民衆への忠
誠心を表すためです。

　ラテン語で「白い服を着た人」のこ
とはcandidātus「カンディダートゥ
ス」と言いました。candidus「輝く
ように白い」から生まれた言葉です。
これが英語で「立候補者」「志願者」と
いう意味のcandidateとなったので
す。例えばShe is a candidate for
governor.なら「彼女は知事選の立候
補者です」という意味になります。

古代ローマ人が着た
「トガ」という上着

album
[アルバム]

古代ローマの
「白い掲示板」

「アルバム」は英語ではalbumとなります。英語でも日本語でも、いろいろな意味がある言葉です。**これはラテン語のalbus「白い」から派生したalbum「アルブム」からきています。古代ローマ時代に重要な通達などを知らせるため、公の場所に設置された「白い掲示板」のことでした。**

それが英語になって「空白のページがあるノート」という意味になり、大切な切手や写真を挟み込んだりするようになりました。やがて20世紀の中頃になって、複数の楽曲を収録したレコードやCDへと意味が広がります。

alb-から始まる英単語には「白い」ものが多く挙げられます。かつてイギリスは*Albiōn*「アルビオン」と呼ばれていました。「白い国」という意味です。紀元前55年にユリウス・カエサルがブリテン島に攻め込もうとした時に、ドーヴァー海峡の対岸から白い石灰岩の崖が見えたことで、そう呼ばれるようになったとされています。しかし、それより300年前の文献にこの言葉が使われていることから、ケルト語だったのではないかとも言われます。

ビートルズが1968年にリリースしたアルバムに"the White Album"があります。正式タイトルは"The BEATLES"。小さなタイトル文字とレコード会社のロゴ以外は真っ白なジャケットです。意味的に言うと、whiteの「白」とalbumの語源の「白」がダブっています。教養のある人にしかわからない、深くて洒落たネーミングです。

client
［顧客］

古代ローマの「従属平民」

　古代ローマの社会は、大きく分けて貴族・平民・奴隷という3つの階層からなっていました。ですが、平民の中には貴族の庇護のもとでいろいろな役割を果たした「従属平民」と呼ばれる人々がいたのです。彼らはラテン語で*clientēs*＊「クリエンテース」と呼ばれていました。日本語では「庇護民」とか「被保護者」とも訳されます。これに対して、主人の貴族の方は*patrōnus*「パトローヌス」と言いました。

　この私的な結びつきは、古代ローマ社会の大きな特徴でした。裕福なパトローヌスが主人となって、貧しいクリエンテースの面倒を見たのですが、決して奴隷制度のような束縛的な上下関係ではありません。クリエンテースが自由にパトローヌスを選ぶことができたからです。でも、権力や経済力だけを頼りに服従したのではありません。その人が信頼できる人か、尊敬に値する人かという人間性も見定めて、パトローヌスを選んだのです。

　クリエンテースはパトローヌスにさまざまな相談をもちかけました。個人的な悩みを打ち明けては助言してもらい、金銭的な援助はもちろん、有力者への口利きや就職の世話をしてもらうこともあったのです。このようにパトローヌスは、公私にわたってクリエンテースに援助の手を差し伸べてくれる存在でした。

　ではパトローヌスにとっては、どのようなメリットがあったのでしょうか？　相互の関係がいちばんクローズアップされた

＊単数形なら*cliēns*「クリエーンス」です。

のはパトローヌスが公職に立候補した時です。大勢のクリエン
テースが積極的に選挙運動を展開しました。主人を囲んでみん
なで通りを練り歩き、この候補者がいかに多くの人に信頼され
ているのかを猛烈にアピールしたのです。現代でいえば、政治
家と支持者の関係に近いかもしれません。

　こんな話もあります。ある有力なパトローヌスが事業に失敗
し、多額の借金をつくってしまいました。もう公職に就くこと
もできません。こうなると当然クリエンテースも見切りをつけ
て離れていくと思いきや、そうではありませんでした。みんな
でお金を出し合ってパトローヌスの借金を返済し、公職に復帰
させたというのです。パトローヌスとクリエンテースは、簡単
に言えば「親分と子分」の関係です。この強い結びつきを色濃く
残しているのが「マフィア」の世界だという人もいます。

　**ラテン語のclientēsは、「有力者の保護を求める人」、あるい
は「常に命令を求める人」という意味になり、さらに「専門家の
忠告や助言を求める人」という意味に変化します。それが英語
のclient「顧客」「依頼人」となったのです。**

　「客」という日本語は、状況によっていろいろな英語になりま
す。弁護士や会計士への依頼人はこのclient、レストランや商
店の客はcustomer、旅行客はvisitor、ホテルや旅館の宿泊
客はguest、交通機関の乗客はpassenger、スポーツの観戦
客はspectator、映画やコンサートの観客はaudienceです。

　patrōnus「パトローヌス」の方は英語でpatron「後援者」と
なりました。中世においては、画家や作家などの芸術家を庇護
し創作活動をさせた王や貴族のことを言いました。現在の日本
語でも「パトロン」には「芸術家などへの支援者」の他に「金銭的
援助をして愛人を囲う人」という意味もあります。

112
ambition
［大志］

歩きまわること

古代ローマでは、公職に就こうとする立候補者は自らの潔癖さを表すため白い「トガ」と呼ばれる上着を着て街中を歩きまわり、いろいろな場所で演説して自分に投票してくれるよう訴えかけました。

このように「**歩きまわること**」をラテン語で*ambitiō*「**アンビティオー**」と言いました。英語で「**大志**」「**野心**」「**野望**」のことを**ambition**と言いますが、それはこのラテン語からきています。自分に一票を投じてくれるよう訴えながら、一生懸命あちこちを"歩きまわる"人には、強い「野心」があると思われたからです。

ambitionの形容詞がambitiousです。札幌農学校（現在の北海道大学）の初代教頭だったクラーク博士が、学生に別れを告げる時に述べた言葉にBoys, be ambitious!「青年よ、大志を抱け！」があります。これだけを見ると、エリート臭が漂う傲慢（ごうまん）な言葉のように思えますが、その後に ... not for money or for selfish aggrandizement...「……お金のためではなく、利己的な権力を増大させるためでもなく……」と続きます。ここまで読むと、博士が言いたかったことの真意がよく理解できます。

amb-から始まる英語には「動きまわる」というニュアンスがあります。英語で「救急車」のことをambulance「アンビュランス」と言います。確かにサイレンを鳴らしながら"走りまわって"います。もともとこの英語は、軍隊とともに移動する「野戦病院」のことだったのです。

limit
[限界]

／ ローマ帝国の国境
「リーメス」

ローマ帝国は第13代皇帝「トラヤヌス」(53〜117)の時に領土が最大となります。北はブリテン島、南はエジプト、東は現在の中央ヨーロッパから西はスペインまでの広大な国土でした。この領土拡張に歯止めをかけたのが次の第14代皇帝「ハドリアヌス」(76〜138)です。北方に住んでいた異民族の侵入を防ぐという目的もあったのですが、国土の限界を定めるためにも、ブリテン島のイングランドとスコットランドの境に全長120㎞の城壁を築かせます。「ハドリアヌスの長城」と呼ばれ、1987年にユネスコの世界遺産に登録されています。

ドイツのライン川流域にも、ゲルマン民族の侵入を防いだ長城がありました。初代皇帝アウグストゥスの時代にたった5年間で築いたと言われています。全長550㎞という長さでしたが、いま残っているのは全体の4分の1だけです。**この長城はLimes「リーメス」と呼ばれています。ラテン語の普通名詞でlimes＊「リーメス」は「境界」とか「国境」という意味でした。英語のlimit「限界」はここからきています。**ドイツの「リーメス」は、2005年にハドリアヌスの長城と合わせて「ローマ帝国の国境線」という名称で世界遺産に指定されました。

2008年にはハドリアヌスの長城の160㎞北にある「アントニヌスの長城」も加わり、3つでひとつの世界遺産になります。アントニヌス(86〜161)はローマ帝国の第15代皇帝です。この長城は長さは60㎞ですが、過酷な自然環境のスコットランドで2年という短期間で建設されたと言われています。

＊英語のlimesは「ライミース」と発音します。「ローマ帝国の国境」という意味です。

ordeal
［苦境］

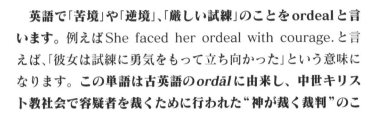

神が裁く裁判

　英語で「苦境」や「逆境」、「厳しい試練」のことをordealと言います。例えばShe faced her ordeal with courage.と言えば、「彼女は試練に勇気をもって立ち向かった」という意味になります。**この単語は古英語の*ordāl*に由来し、中世キリスト教社会で容疑者を裁くために行われた"神が裁く裁判"のことでした。**日本語では「神明裁判」と言います。

　それはとても残酷なものでした。聖職者が裁判官になり、被告に火で熱して高温になった鉄の棒を握らせたり、熱い鉄板の上を歩かせたり、煮えたぎるお湯の中に手を入れさせたりしました。3日後に火傷（やけど）の跡が残っていれば有罪、治っていれば無罪となったのです。

　清められた乾いたパンを丸飲みさせられることもありました。裁判官たる聖職者は、「パンよ、被告が罪あればひきつけを起こさせ、むせさせ給（たま）え。もし無罪なら身体に良き滋養となり給え」という清めの言葉を唱えながら、被告の口にパンを詰め込みました。その言葉通り、喉に詰まらせたり、むせたりしたら有罪になったのです。

ディルク・ボウツ画「神明裁判」
（ベルギー王立美術館蔵）

手足を縛って水の中に投げ込み、浮かび上がったら有罪、沈んだら無罪とすることもありました。沈んで無罪となっても、引き上げるとほとんどが溺死していました。でも、なぜ浮かび上がったら有罪なのでしょう？　水は不浄なものを弾くと考えられていたからです。これは「水審」と言って、魔女裁判でしばしば用いられた手法です。

　容疑者が実際に罪を犯しているかどうかは全知全能の神が知っているはずであり、潔白なら神の意志が働いて、どんな試練を受けようとも奇跡を起こして救済してくれるという考え方が根底にあったのです。容疑者が無実だったらとんでもない話ですが、犯罪抑止という観点からすると、かなりの効果があったのではないでしょうか。

　しかし、多少なりとも聖職者による手加減が加えられていた可能性もあります。握らせた鉄の棒の温度を低くしたり、丸飲みさせるパンを少し湿らせておいたり、水の中に投げ込んで沈んでも、すぐに引き上げたりしたことがあったかもしれません。

　日本の古代にも似たような罪の裁き方がありました。「盟神探湯」と言って、釜の中の熱湯に手を入れさせ、正しい者は火傷せず、罪ある者は大火傷を負うとされました。また壺に毒蛇を入れて、手を突っ込んでも咬まれなかったら無罪になったのです。こんな時代に生まれなくて本当によかったと思います。

「水審」の様子を描いた12世紀の絵画

curfew
［門限］

火に蓋をする

　1066年、フランス・ノルマンディ公国の王Guillaune
「ギヨーム」が数多くの兵隊や騎馬、武器を伴って船で海を渡
り、イングランドに侵入します。ギヨームはイングランド王
Harold「ハロルド」の軍隊を南イングランドの「ヘイスティング
スの戦い」で破り、イングランド王「ウィリアム1世」として即位
してしまいます。ギヨームは英語ではウィリアムとなるのです。

　こうしてウィリアムは現在のイギリス王室の開祖とな
り、William the Conqueror「ウィリアム征服王」という渾
名で呼ばれるようになります。この一連の出来事をNorman
Conquest「ノルマン・コンクエスト」（ノルマンの征服）と言い
ます。

　イングランドでは王だけでなく貴族や聖職者もノルマン人に
取って代わり、大商人や高級職人も大陸から渡ってきました。
もともとのイングランドの貴族は処刑されたり追放されたりし
て、イングランドは支配階級がフランス語を、一般庶民が英語
を話す二重言語の国になってしまいました。この時期に大量の
フランス語が英語に入ってきます。

　家畜の「牛」は英語でcowあるいはoxと言いますが、フラン
ス語のbeefという言葉が入ってきました。「豚」のpigはpork、
「羊」のsheepはmuttonというふうに2つの言葉が混在するよ
うになります。もともとあった英語では家畜、新しく入ってき
たフランス語では食べる肉の名前になったのです。イングラン
ド人が家畜を育てて料理をつくり、ノルマン人がその肉を食べ

たからです。

　ウィリアムがいちばん恐れたのは、庶民が新しい支配者に反旗を翻して町や村に火を放つなどの暴動を起こすことでした。そこで**夜8時になると鐘を鳴らして、家々の火を消すように命じたのです。この当時は「火を消す」とは「火に蓋をする」ことでした。フランス語では*couvre-feu*と言います。英語ならcover fireです。これがcurfew「カーフュー」という英語になりました。**外国に攻め込まれたり暴動が起こったりした時などに発令される「夜間外出禁止令」のことでしたが、そのうちに「門限」という意味でも使われるようになりました。

　現在でも、このcurfewはひとりで海外を旅する人には必須の単語です。小さなホテルでは夜になるとオーナー兼フロント係が家に帰ってしまい、夜間はドアにカギをかけてしまうことがあります。外出してホテルに戻ったら、中に入れないなどということが起こりかねません。そんなことを防ぐために、フロントにThis hotel's curfew is 9:00 PM.「このホテルの門限は午後9時です」という張り紙があったりします。もちろん家族で決めた帰宅時間もcurfewです。よく親が子供にCome back home before your curfew.「門限の前に帰ってきなさい」などと言ったりします。

　これで現在のイギリス王室のルーツがフランスにあることがおわかりいただけたと思います。以前、エリザベス女王が「わが国はいまだかつて外国からの侵略を受けたことがありません」と述べたことがありました。ひとりの家臣が恐る恐る「でも、ノルマン・コンクエストがありましたが……」と言ったところ、女王は平然と「あれは私どもがやったことです」と答えたそうです。

古戦場の名はBattle「バトル」

1066年、フランス・ノルマンディ公国の王「ギヨーム」が
イングランド軍を打ち破って、イングランドの国王になって
しまったという「ノルマン・コンクエスト」(ノルマンの征服)
——この歴史的大事件に興味を持った私は、ある夏その古戦
場を訪ねることにしました。この戦いは「ヘイスティングスの
戦い」と呼ばれています。『地球の歩き方 イギリス』には、たっ
た半ページだけ「南イングランドのヘイスティングス駅からロ
ンドン行きの列車に乗って15分のBattle『バトル』という駅で
降り、徒歩10分のところに古戦場がある」と書いてありました。
何とBattleという村が古戦場だったのです。

ロンドンからカンタベリー、ドーヴァーを巡ってヘイスティ
ングスの安宿に着いた私は、スーツケースを部屋に置いてすぐ
にバトルに向かいました。小さな駅で列車を降りて延々と歩く
と、古い教会のような建物が見えてきました。"1066 Battle
Field"という看板が出ています。チケットを購入すると、音声
ガイドもあると言うので借りることにしました。

教会の裏庭に出ると、そこは広大な敷地の野外博物館になっ
ていました。あちこちで羊の群れが草を食んでいます。看板に
音声ガイドの数字があり、そのボタンを1番から順番に押して
歩くと、双方のぶつかり合いが時系列でわかるようになってい

ました。

　イングランド軍は丘の上に陣取りノルマン軍を見下ろして
いました。ノルマン軍は敵に向けてたくさんの矢を放ちます
が、イングランド軍は木製の盾で防いだだけでなく、突き刺
さった矢を引き抜いて自分たちのものにしてしまいます。ノル
マン軍の騎兵が丘を上ってイングランド軍の隊列に突進しま
すが、態勢は崩れません。あちこちで小競り合いが起こります
が、なかなか決着がつくことはありません。そこにノルマン軍
のギヨーム王が戦死したという噂が戦場を駆け巡ります。しか
しそれはデマだということがわかります。

　ノルマン軍は勢いづきます。騎兵による何回目かの突撃で、
イングランド軍の強固な隊列が崩れ始めます。ノルマンディは
名馬の産地で、騎兵の乗馬技術もはるかにイングランド軍を
凌駕していたのです。その時、ノルマン軍兵士が放った矢が
イングランド王の目に命中します。馬から落ちた王を捕えて殺
害したことで、ノルマン軍が勝利することになったのです。

　イングランド軍は有利な陣容のまま援軍がやって来るのを
待っていれば勝てたのではないかと言う歴史家もいます。海を
渡ってはるばるやって来たノルマン軍は援軍も期待できません
し、長期戦になれば食料も尽きていただろうと言うのです。そ
うしたら、歴史は大きく変わっていたでしょう。

　汗びっしょりになって羊の群れを掻き分けながら古戦場を
巡ったあの3時間は、私の忘れえぬ大切な思い出となっています。

assassin
［暗殺者］

大麻を扱う者たち

　7世紀前半、ムハンマド(570頃～632)は自らを唯一神アッラーから啓示を受けた預言者であるとして、さまざまな偶像を崇拝する多神教を否定し、厳格な一神教である「イスラム教」を創始しました。この教えは瞬く間にアラビア半島一帯に広まります。

　ムハンマドの死後しばらくすると、第4代のアリーの子孫が正統な後継者であるとする「シーア派」とそれにこだわらない「スンナ派」に分かれました。「シーア」とは「派」、すなわち「アリー派」を意味し、「スンナ」とはムハンマドが残した言葉や行いに基づく「慣行」を意味しました。

　イスラム教が地中海沿岸にまで進出すると、当然ヨーロッパ世界との軋轢(あつれき)が生じるようになります。イスラム勢力に脅かされたビザンツ帝国皇帝は、ローマ教皇に救援を要請します。こうして、西ヨーロッパからキリスト教の「十字軍」が聖地エルサレム奪還という名目で遠征することになります。

　この頃、シーア派から「ニザール派」という分派が生まれました。彼らはスンナ派と真っ向から対立しただけでなく、シーア派とも袂(たもと)を分かつことになります。**ニザール派は別名Assassin「アサシン派」とも呼ばれました。アラビア語で ḥaššāšūn「ハッシャーシューン」、「ハシーシュを扱う者たち」という意味です。暗殺者に大麻を吸わせ、イスラム教の他宗派だけでなく十字軍の要人の殺害もする殺人教団だったのです。英語のassassin「暗殺者」は、この教団名に由来します。**

教団は山岳地帯の城塞に「秘密の花園」と呼ばれる楽園をつくったというのです。「山の老人」と呼ばれる幹部が、町の屈強な若者を大麻で陶酔状態にして、ここに連れ込みます。

　若者が目覚めると、目の前にイスラム教の聖典クルアーン*に描かれた通りの美しい宮殿や庭があります。4つの小川があり、ひとつには酒、2つ目には牛乳、3つ目には蜂蜜が、4つ目には水が流れています。目の前では、美女たちが微笑みながら、楽器を奏で歌を歌い踊っています。彼らはこの美しい楽園で、おいしいご馳走をたらふく食べ、美女の肉体をむさぼりながら享楽的な生活を送ったのです。それはムハンマドが人々に説いた通りの"天国"でした。

　しかし「山の老人」は、若者をまた大麻で眠らせ、もとの貧しい生活に戻してしまいます。「天国に帰りたい」と嘆願する若者に「暗殺に成功したら、戻してやるよ」と囁くのでした。彼らはその命令に喜んで従いました。もし暗殺に失敗して殺されても、本当の天国に行くことができたのです。この話はマルコ・ポーロ（1254〜1324）の『東方見聞録』に詳しく描かれています。この旅行記は「黄金の国ジパング」の話でよく知られていますが、13世紀の中東やアジアの様子も描かれていて貴重な史料ともなっているのです。

　この暗殺教団の噂は、十字軍の兵士たちにも広まり強い恐怖を与えました。しかし13世紀になってモンゴルの大軍によって滅ぼされてしまいます。

　英語ではassassin「暗殺者」から動詞のassassinate「暗殺する」、名詞のassassination「暗殺」という単語が生まれました。killやmurderなどとは違って、政治や宗教など「思想的背景がある殺人」のことを言います。

*日本では「コーラン」と言いますが、原音に近い表記をすれば「クルアーン」となります。

blackmail
［恐喝］

黒い牛で払う地代

　英語のblackmailは"黒い郵便"ではなく、「恐喝」とか「ゆすり」という意味です。動詞では「恐喝する」「ゆする」となります。The suspect blackmailed the politician for \$20,000. と言えば、「容疑者は政治家をゆすって2万ドルを取ろうとした」という意味になります。

　mailという単語には、大きく分けて3つの意味があります。ひとつは、ご存じの「郵便」です。これはもともと「郵便袋」のことでした。17世紀の頃まではa mail of lettersで「1袋の郵便物」を意味していたのですが、徐々にmailだけで「郵便物」のことになりました。最近では英語でmailと言うと、「郵便」のことなのか「Eメール」なのかわからなくなっています。そのために、ポストに投函する郵便のことをsnail-mail＊と言って区別することがあります。snailは「カタツムリ」のことです。

　2つ目のmailは戦争で兵士が身に着ける「鎧」です。金属板でつくった鎧はplate mail「プレート・メール」、小さな鉄の輪を鎖状に組み合わせたものをchain mail「鎖帷子」と言いました。金属の鎧は硬くて槍や矢も通しませんでしたが、とても重かったのです。そこで軽いチェーン・メールと組み合わせて素早く動けるようにしました。

　そして、3つ目が「税金」「年貢」です。16世紀の後半、イングランドとスコットランドの国境地帯に住む農民たちは高額の年貢や地代を領主や地主に支払っていました。その「年貢」のことを古英語でmaelと言ったのです。この語はもともとは

歴史が刻まれた英語

＊ s-mail、あるいはsmailと表記することもあります。

「契約」のことでした。それが「契約して支払う金銭」から「地代」「税金」といった意味合いになりました。

　地代は原則として銀貨で支払うことになっていて、それをwhitemail「白地代」と言いました。でも、**現金を持っていない農民たちは「黒い牛」などの現物を年貢として納めました。それをblackmail「黒地代」と呼んだのです。ただ銀貨に比べて価値がはっきりしなかったために、領主や地主は難癖をつけて法外な黒地代を搾り取りました。そこからblackmailが「恐喝」「脅し」「ゆすり」という意味の英語になります。**

　イングランドの施政権は国境地帯までは及んでおらず、治安も良くありませんでした。地主もほとんどが不在地主で遠方に住んでいましたし、彼らにとっては年貢だけ徴収できれば、農民たちのことなどどうでもよかったのです。この不法地帯には山賊や海賊も潜んでいて、旅行者から通行料を取ったり金目の物を略奪したりしていたのですが、それだけではありません。そこに定住する農民たちからも「外部からの侵略や暴力から守ってやる」と言い含めて「みかじめ料」を脅し取っていました。農民たちは領主や地主にも地代を払っていましたから、二重三重の支払いに苦しめられたのです。

　色は変わりますが、greenmailという言葉を聞いたことがありますか？　金融・証券用語です。ある企業に狙いを定め、そこの株式をどんどん買い集めて、「会社を乗っ取るぞ」と脅しをかけたあげく、高値で買い取らせたりして利ザヤを稼ぐことです。blackmail「脅迫」のblackをドル紙幣の色のgreen「緑」に変えた言葉です。

tank
［戦車］

／水槽

第一次世界大戦では、殺傷能力の高い連射式の機関銃が使用されるようになったため、それまでのような接近戦が展開できなくなりました。兵士たちは塹壕（ざんごう）を掘って閉じこもり、攻撃の機会を狙っては、地上に飛び出して突撃するということを繰り返すしか打つ手がありません。しかし、塹壕から一歩外に出ると、簡単に機関銃の標的になって撃たれてしまいます。そのため戦場はしばしば膠着（こうちゃく）状態となりました。

それを打開するため、イギリスでは当時海軍大臣だったウィンストン・チャーチル（1874～1965）が中心となって、新しい兵器の開発を進めていました。

1916年、ドイツ軍と対峙（たいじ）していたイギリス軍の陣営から、それまで見たこともないような鋼鉄に覆われた物体が姿を現しました。大砲も搭載していて、キャタピラ*の回転で前に進んでいます。悪路もものともせず塹壕でさえ乗り越えることができました。それが新しく開発された「戦車」でした。

この新兵器は英語でtankと呼ばれるようになりました。なぜそう呼ばれるようになったかについては興味深い話があります。tankはもともと気体を注入した「ボンベ」、あるいは水を入れておく「水槽」のことでした。古いインドの言葉で「ため池、貯水池」を意味する*tānkū*、あるいは*tānkē*からきています。

イギリス軍はこの新兵器を開発している時に機密が漏れるのを防ぐためにWater Carrier「水運搬車」という暗号名で呼

---

*「キャタピラ」は英語でcaterpillar、「イモムシ」という意味です。古フランス語の*chatepelose*「毛むくじゃらの猫」からきています。

んでいました。当時、開発チーム名には新兵器の暗号の頭文字を並べる習慣がありましたが、この名前では "WC" となってしまい具合が悪かったのです。WCとはwater closet、つまり「便所」の略だったからです。そこで**暗号名をTank Supply「水槽供給」と変更してチーム名を "TS" とし、完成後に暗号名の最初の部分だけを採用してtankと呼ぶことにしました。**

　イギリスから、地上戦で使用する武器をヨーロッパの戦線に送る際には、船に載せてドーヴァー海峡を渡る必要がありました。戦車にシートをかぶせて「ロシア向け "水運搬車"」という名目にして偽装しました。新兵器に関する機密が漏れないように細心の注意を払っていたのです。

　tankの語源としてはもうひとつ、イギリスのコーンウォール地方に住んでいたThomas Tank Burrallという農業技術者の名前に由来するという説もあります。凹凸のあるぬかるんだ畑でも容易に耕すことができるキャタピラ付き耕運機の発明者です。軍事用の戦車はその耕運機の技術を応用したもので、彼の名前を取ってtankと呼ぶようになったのではないかとも言われているのです。

　日本語では、古代の「戦闘用の馬車」(p12) もtankもどちらも「戦車」と言います。英語では「馬車」の方はchariotと呼んで、tankとはっきりと区別できるので、混乱することはありません。

第一次世界大戦に登場した新兵器の「戦車」

electricity
［電気］

琥珀
（こ はく）

　木の樹脂が地中に埋まり固まってできた化石を「琥珀」と言います。英語ではamber「アンバー」、半透明で光沢があり美しい飴色（あめ いろ）をしているため古代から装飾品として珍重されてきました。

　古代ギリシアの七賢人のひとり、タレス（前624頃〜前548頃）が「琥珀を毛皮でこすると埃や羽毛（はごり）を引きつける」ことを発見します。まだ静電気という概念はなく、ただ単に「琥珀には物体を引き寄せる力がある」と考えられていたのです。この「琥珀」をギリシア語でēlektron「エレクトロン」と言いました。「ギラギラと輝く太陽の光」という意味のēlektōrからきた言葉です。琥珀は海辺で発見されることが多く、色も黄色だったために、太陽の光が海に射（さ）し込んで固まったものだと信じられていたからです。

　1600年、エリザベス1世の侍医で物理学者でもあったウィリアム・ギルバート（1544〜1603）が『磁石論』という本を書きました。**琥珀やガラス棒を布で擦（こす）ると埃などを引きつけることに触れ、そのような性質を持つ物質を「琥珀」のギリシア語から"electrica"と名づけたのです。ここから英語のelectricityという単語が生まれます。**1646年、イングランドの作家で科学者としても名をはせたトーマス・ブラウン（1605〜1682）が、自らの著書の中でこの言葉を初めて使ったとされています。

　1663年頃ドイツの物理学者オットー・ゲーリケ（1602〜1686）が「摩擦起電機」を発明します。硫黄の球に棒をつけて回転させて、静電気の帯電、吸引と反発、放電、発光という現

象を人工的につくり出すことに成功しました。1745年にはガラス瓶に水を入れて電極を浸し電気を通すことで、電気を溜める装置ができました。世界初の蓄電器で、オランダのライデン大学で発明されたため「ライデン瓶」と呼ばれています。1752年、アメリカの政治家で科学者でもあったベンジャミン・フランクリン(1706〜1790)が凧を使って雷の正体は電気であることを突き止めます。とても危険な実験でしたが、雷から伝わった電気をライデン瓶に溜めることに成功したのです。

1780年、イタリア・ボローニア大学の解剖学教授Luigi Galvani「ルイージ・ガルヴァーニ」(1737〜1798)が、カエルを解剖している時に2つの違う金属で触れたところ、脚が痙攣することに気づきました。ガルヴァーニは神経によって運ばれる電気が筋肉の収縮を起こすと考え、それを「動物電気」と名づけます。ちなみに英語のgalvanizeは「刺激する」「活気づかせる」という意味なのですが、Galvaniの名前から生まれた単語です。このガルヴァーニの考えを否定したのがAlessandro Volta「アレッサンドロ・ヴォルタ」(1745〜1827)という物理学者でした。カエルの脚が痙攣したのは、2種類の金属の「電位差」によるものだと言うのです。電気は電圧が高い方から低い方へ流れますが、その差が「電位差」です。この理論をもとにヴォルタは「電池」を発明します。「電圧の単位」をvolt「ボルト」と言いますが、これはこのVoltaという名前からきています。

このようにして技術が進歩し、琥珀が埃を引きつけるという小さな現象がelectricity「電気」という大きな力となり、照明やレコード、映画、電信技術、ラジオ、テレビ、コンピューターなどを生み出すことになります。

brainwashing
［洗脳］

中国語の「洗脳」

1945年、第二次世界大戦が終わると、朝鮮半島は北緯38度線を境にして北側をソ連（現在のロシア）が、南側はアメリカが占領下に置きます。1948年には南で大韓民国（韓国）が、北では朝鮮民主主義人民共和国（北朝鮮）が建国を宣言しました。

ところが1950年、北朝鮮軍が突然38度線を越えて侵攻し、朝鮮半島南端のプサンに迫りました。南北を統一して社会主義の国家をつくろうとしたのです。これに対してアメリカ軍を中心とする国連軍が韓国を支援して、北朝鮮軍を中国国境近くまで追い詰めます。すると今度は中国が北朝鮮を支援して“人民義勇軍”を送り込みました。中国・ソ連対アメリカの全面戦争になるのを防ぐために、中国の正規軍「人民解放軍」ではなく、一般民衆が自主的に戦闘に参加したという形にしたのです。これが朝鮮戦争です。

この戦争の時に、中国・北朝鮮軍に捕まって捕虜になったアメリカ兵は7000人以上と言われています。中朝国境の収

朝鮮戦争に参加した「中国人民義勇軍」の兵士

容所で、彼らは部屋に1日中閉じ込められ、共産主義がいかに素晴らしい思想なのかを徹底的に叩き込まれました。時には拷問も用いて、自由意志を奪い去り、新しい思想を植え

つけられたのです。

　捕虜のアメリカ兵たちが赤旗やスローガンを書いた横断幕を掲げて行進する映像をテレビで見たことがあります。口々に「もう祖国には帰らない。強制されたからじゃない、自分の意思で残るんだ」とか「これでアイゼンハワー大統領の政策を堂々と批判できる」などと言っていました。「マッカーシズムからようやく解放された」と言う捕虜もいました。「マッカーシズム」とは、アメリカ本国で共和党のジョセフ・マッカーシー（1908〜1957）という上院議員が進めた過激な反共産主義運動です。共産主義者と見なされた政府関係者がクビになったり、映画・テレビ関係者も業界から追放されたりしたのです。

　このようにして**共産主義思想を植えつける方法は中国語で**「**洗脳**」**と呼ばれていました。発音は**「**シーナオ**」**です。この中国語の漢字が英語に翻訳されます。**「洗」**は wash、「脳」は brain **ですが、順番を入れ替えて brainwashing という名詞になりました。**1951年にジャーナリストのエドワード・ハンター（1902〜1978）が"Brain-washing in Red China"（邦題『洗脳—中共の心理戦争を解剖する』福田実訳）という本を書いたことで、この新しい英語がアメリカ中に広まることになります。

　brainwashing は名詞ですが、そこから動詞の brainwash「洗脳する」という単語が後でできました。先に brainwash という動詞があって、その後で -ing がついて名詞が誕生するのがふつうの流れですが、そうではなかったのです。このような言葉の変化を言語学の用語で"逆成"＊と言います。

　もうひとつ興味深いのは、日本語の「洗脳」という言葉が中国語からではなく、brainwashing という英語から入ってきたということです。でも結局は同じ漢字になってしまったのです。

＊sightseeing「観光」も名詞がまず先にあり、そこから sightsee「観光する」という動詞が生まれました。これも"逆成"の一例です。

あとがき

　原稿の執筆開始から完成まで、いくつかの季節が巡りました。その間、私は広大な"英語の森"に分け入って、時には迷子になりながらひたすら語源を追い求め続けたのです。宝物のようにひっそりと眠る「語源」を発見するたびに、私の胸は高鳴りました。

　「ざっくばらんな」という意味のfrank「フランク」のルーツが中世ヨーロッパの「フランク王国」にあったこと、私たちがふだん何気なく使っているpanic「パニック」がギリシア神話の牧神 *Pān*「パン」に由来し、口語で「やつ」とか「男」を意味するguyが「爆破未遂事件」の犯人の名前からきていることなど、思ってもみない語源に出会った時は興奮で夜も眠れないほどでした。

　しかし、そんな驚きの語源を見つけたとしても、今度は原稿として仕上げなくてはなりません。想像や思い込みを排して、わずかな手掛かりをもとに一字一句確認しながら文字にしていくのは、苦しいと同時にすごく楽しいものでした。冗談紛れに「苦楽しい」とか「楽苦しい」という"新語"を思いついたほどの、アンビバレントな気持ちを私は人生の中で初めて味わったのです。

　「英語の語源」という超学問的な話を、人の歴史の森羅万象とともにわかりやすく描くのも至難の業でした。私が出版社の編集者時代にお世話になった故・永六輔さんは「難しい話を難しく説明するのは簡単、やさしい話をやさしく説明するのも簡単、いちばん難しいのは難しい話をやさしく説明すること」とよくおっしゃっていました。でも、わかりやすく解説しようとすればするほど、真実や正確さからは遠のいてしまう恐れもあります。この本はどうだったでしょうか？

　もし、やさしく読めて正確な内容になっているとしたら、それ

はこの本のためにご尽力いただいた方々のお陰です。

　ギリシア語、ラテン語、アラビア語については元東海大学教授の鈴木孝典先生から貴重なご意見をいただきました。ご専門は「アラビアの科学史」で、ペルシア語や古代エジプト語、古代メソポタミアのアッカド語も学ばれた方です。英語はもちろんドイツ語、フランス語、イタリア語、スペイン語もおできになります。この本では読者のみなさまにギリシア語やラテン語にも親しんでいただくため、ポイントポイントで読み方もカタカナで記すことにしました。そのために大変な苦労をすることになったのですが、鈴木先生の助言のお陰でどうにか原稿を完成させることができました。

　「英語の病名」に関する章では、北里大学病院の医師、見目智紀先生に原稿をお読みいただきました。私の娘はアメリカ・フロリダ州の小さな町に住んでいました。そこにはフロリダ大学があり、日本から将来を嘱望されるお医者さんたちが派遣されていました。見目先生もそんなおひとりでした。奥様の妙子さんも私の娘から英語を学び、アメリカで何かをつかんで帰ろうという意欲溢れる方でした。日本に帰国してからも、私の講演には毎回足を運んでいただいています。

　見目先生は自ら内容をチェックするだけではなく、病院内を巡っていろいろな科の専門の先生方にも確認してくださいました。ご多忙のところ大変なご迷惑をおかけしたことをお詫びするとともに、心からの感謝をお伝えしたいと思います。

　アメリカ人の畏友ジェフ・クラークさんには、英語のチェックと巻末のPhoto Indexの作成をしていただきました。ジェフさんはかつて大杉正明先生が講師を務めた「ラジオ英会話」の会話文を書いていました。そこには「単語は全部知っているけれど意味が取れない」というイディオムがたくさんありました。よく知られてい

る例では"a piece of cake"（ひと切れのケーキ）があります。「とても簡単だ」という意味です。"Let's call it a day."（それを1日と呼ぼう）は、オフィスなどで「今日の仕事はこれでおしまいにしよう」と言いたい時に使うフレーズです。私はそんな本場の英語の虜になってカードに書いて暗記するようになりました。それが現在の私の「英語表現研究家」という肩書きにつながっているのです。

ジェフさんには、私が本を書くたびに身に余るお褒めの言葉をいただいています。今回も「あまりにもおもしろくて、仕事とは思えなかったよ」と言ってくださいました。

編集者で翻訳家でもある山本映子さんには、私の原稿の中で説明がわかりにくかったり、前後に矛盾があったりする箇所を指摘していただき、同時にファクトチェックもしていただきました。こういう方が身近にいると、著者としては本当に安心して原稿執筆に全集中できるのです。

原稿執筆と同時並行的に、私は世界中から90枚もの写真をかき集めました。写真の著作権については、日本ユニ著作権センターの大亀哲郎さんから貴重なアドヴァイスをいただきました。ネット社会の到来で著作権についての考え方が急激に変化しています。著作者の死亡、あるいは作品の完成からある一定の期間が経過したものについては、一部の人が著作権を独占するのではなく、人類の貴重な遺産として誰もが自由に使用できるようにしようという考え方が主流になっています。そう言えば海外の美術館でも、昔ならカメラのシャッターを押した瞬間に係員が飛んできて厳しく注意されたものですが、最近では自由に写真撮影のできるところが多くなっています。

私の拙稿がこのような立派な本になったのは、サンマーク出版の武田伊智朗さんのお力によるものです。同じ編集者として、も

うかれこれ30年も前からの付き合いですが、まさか私が著者になって武田さんの企画・編集で本を出す日が来るとは夢にも思いませんでした。本当に人生は何が起こるかわかりません。武田さんにお願いして、私はこの本の編集作業もさせていただきました。自分で原稿を書いて自分で編集もするという"二刀流"は、とてもエキサイティングなものでした。

武田さんからは執筆や編集の過程でさまざまなアドヴァイスをいただきました。その言葉の端々から、彼の編集者としての力量を感じ取ることができ、大変勉強になりました。本当にありがとうございました。

装丁と本文ページのレイアウトは、私が全幅の信頼を置くデザイナーの渓上敦司さんにお願いしました。渓上さんは期待に応えて、ちょっとレトロで格調高いものの、古さを感じさせない斬新なデザインをしてくれ、とても素敵な本に仕上がりました。

翻訳家で静山社ホールディングス社長の松岡佑子さんには、本書の推薦文をご執筆いただきました。ふだんはほとんど連絡を取っていないのに、ふと頭の片隅にある大切な単語を思い出すように、メールのやり取りをする関係ですが、J.K.ローリングの新作の翻訳でご多忙のところお時間を割いてくださり、身に余るほどのお言葉をいただきました。

最後に、本書をお読みいただいた方々に心からお礼申し上げます。どうかみなさまの英語の"やる気スイッチ"がオンになり、同時に知的な世界への扉が開かれますように───。

小泉牧夫

Photo Index

11. Cleopatra played by Elizabeth Taylor in the film *Cleopatra* (1963), 20th Century Fox ©mptvimages/Aflo **12.** "Tutankhamun in his chariot attacking Africans" (14th century BC) ©Bridgeman/Aflo **15.** The first issue of *The Gentleman's Magazine* of London, England published in January 1731, Timothy Hughes Rare & Early Newspapers **17.** A scene from the play *R.U.R.* by Karel Čapek **19.** Stone statue of Pan, the Greek god of shepherds and music, RHS Garden Wisely UK ©Alamy/Aflo **22.** Albrecht Dürer, *Emperor Charlemagne* (1511-1513), Germanisches Nationalmuseum **25.** Shigeki Tanaka, "Kashmir goat" ©Aflo **26.** "Able" atomic bomb detonated in 1946 by the US Army as part of Operation Crossroads **27.** "First fashion model for the bikini, Micheline Bernardini" (1946), Hulton Archive ©Keystone/Staff/Getty Images **30.** Tom Murphy VII, "The Radcliffe Camera in Radcliffe Square, Oxford, England" **31.** An artist drawing from life with a 19th century camera obscura (1850) **32.** Portrait of Johannes Kepler **36.** ManuRoquette, "The tripalium: a Roman means of torture" **48.** Fra Angelico, *Longinus* (circa 1437-1446), Museum of San Marco **49.** Giovanni Lorenzo Bernini, statue of Saint Longinus (1631-1638), Saint Peter's Basilica, Vatican **55.** Lucas Cranach the Elder, *Christ drives the Usurers out of the Temple* **57.** Herbert James Draper, *Ulysses and the Sirens* (1909), Ferens Art Gallery **59.** Gertjan R., "Inside the Stoa of Attalus, Ancient Agora of Athens, Central Athens, Attica, Greece" (2008) **63.** George Shillibeer's first omnibus (1902) **68.** Alonso Sanchez Coello, *Portrait of Don Diego, Son of King Philip II of Spain* (1577), Liechtenstein Museum **69.** "A man dancing Morris dance with hobby horse in London" ©Alamy/Aflo **71.** Harvinder Chandigarth, "Wryneck," Beholpur Village, Punjab, India (2015) **73.** Pablo E. Fabisch, illustration of "Telemachus and Mentor" from *Les Aventures de Télémaque* by François Fénelon (1699), 1956 Buenos Aires edition **75.** Kashfi Halford, "The Masked Crusader" (Guy Fawkes mask at G20 London summit in 2009)
77. Raphael, Plato from *The School of Athens* (1509), Vatican Museums
81. Marble statue of Augustus (1st century), Vatican Museums **87.** Antonis Mor, *Portrait of Queen Mary I of England* (1554), Prado Museum **89.** Gravure publiee par l'editeur Albin Michel, engraving of Jean Nicot (1876) **91.** Statues

of Don Quixote and Sancho Panza in front of Cervantes Monument, Plaza de Espana in Madrid ©Masashi Hayasaka/Aflo **92.** "Guy Fawkes caught in the cellar of the House of Parliament with explosives" **93.** "A Procession of Children, and a 'Guy'" (1864) from *The Book of Days* by Robert Chambers **95.** Johann Zoffany, *Portrait of John Montagu, 4th Earl of Sandwich*, National Portrait Gallery, London **97.** Portrait of Étienne de Silhouette, French Controller-General of Finances under Louis XV (1750) ©Mary Evans Picture Library/Aflo **98.** Jean-Michel Moreau, Portrait of Joseph-Ignace Guillotin (18th century), Musée Carnavalet, Paris **99.** Georg Heinrich Sieveking, *Execution of French King Louis XVI* (1793) **103.** Portrait of Louis Braille **105.** Leslie Ward, caricature of Charles Cunningham Boycott, from *Vanity Fair magazine*, January 29, 1881 **106.** James Thomas Brudenell, 7th Earl of Cardigan (19th century) **107.** "Bloomer" dress of the 1850s **109.** Matthew Brady, "Portrait of Major General Ambrose E. Burnside" (1860-1865), Library of Congress, Prints and Photographs Division **111.** "Aftermath of the crowd riot during the European Champion Club final match at Heysel Stadium in Brussels" (1985) ©PRESSE SPORTS/Aflo **112.** Gabriel Daniel Fahrenheit (17th-18th century) **115.** Olof Arenius, *Portrait of Anders Celsius* (18th century) **117.** Portrait of Franz Anton Mesmer, Wellcome Collection **120.** Pach Brothers, "President of the United States Theodore Roosevelt" (1904), Library of Congress, Prints and Photographs Division **121.** Clifford K. Berryman, Original "Teddy Bear" cartoon from *The Washington Post*, November 16, 1902 **122.** Thomas Gainsborough, *Edward Vernon* (1753), National Portrait Gallery, London **123.** Albrecht Dürer, *The Syphilitic Man* (1496) **125.** "Emergency hospital in Camp Funston, Kansas during influenza epidemic" (1918), National Museum of Health and Medicine **129.** Paulus Fürst, *A Plague Doctor in Seventeenth-century Rome* (1656) **133.** Stephen J. Lee, "A Court for King Cholera" (1852) from *Punch* **145.** James Gillray, *The Cow-Pock, or the Wonderful Effects of the New Inoculation!* (1802), Library of Congress, Prints and Photographs Division **147.** Antoine Watteau, *Ceres: Allegory of Summer* (1717-1718), National Gallery of Art, Washington DC **149.** Bibi Saint-Pol, "Anaximander World Map" (2006), Japanese translation by Washiucho (2009) **151.** Sandro Botticelli, *The Birth of Venus* (1485), Uffizi Gallery, Florence **153.** François-Edouard Picot, *L'Amour et Psyché* (1817), Louvre Museum **155.** Nicolas Poussin, *Parnassus* (1626), Prado Museum

©Bridgeman Images/Aflo **157.** Peter Paul Rubens, *Vulcan Forging the Thunderbolts of Jupiter* (1636-1638), Prado Museum **158.** Tiziano Vecellio, *The Rape of Europa* (1560-1562), Isabella Stewart Gardner Museum

161. Winged Victory of Samothrace in 1863 (circa 220BC-189BC), Louvre Museum ©Ibertfoto/Aflo **163.** Antoine Borel, *Thetis Immerses Son Achilles in Water of the River Styx* (18th century), Parma National Museum **165.** *Soldier Pursuing an Injured Amazon*, marble relief of scene from an Amazon battle ©DeA Picture Library/Aflo **167.** Capitoline Wolf (13th century; twins are 15th-century addition), Capitoline Museums **169.** Marble bust of Mars (2nd century), National Museum of Roman Art ©New Picture Library/Aflo

172. Fubar Obfusco, "Bust of the god Janus," Vatican Museums

175. Antoine Callet, *Ceres Begging for Jupiter's Thunderbolt after the Kidnapping of Her Daughter Proserpine* (1777), Museum of Fine Arts Boston **177.** Karl Friedrich Schinkel, *Uranus and the Dance of the Stars* (1834), Architectural Museum of the Technical University of Berlin **185.** Cesare Vecellio, "Clothes of Roman Lictor" from *Habiti Antichi et Moderni* **187.** Bayeux Tapestry with Halley's Comet (1077), Bayeux Tapestry Museum **194.** Sandro Botticelli, *Primavera* (1482), Uffizi Gallery **209.** "Hippo" ©Martin Harvey/Aflo

211. The Coat of Arms of the Canary Islands **216.** Imuzak, "Japanese dandelion" (2010) **221.** Hadrian's Wall ©Aflo **223.** Marsyas, "Ostracon recovered from a well near the Acropolis" (482BC), Ancient Agora Museum, Athens **228.** "The Symposium" on the north wall of the Tomb of the Diver (475BC), Paestum Museum, Italy **230.** *Plato's Academy* mosaic (1st century) from the Villa of T. Siminius Stephanus in Pompeii **234.** "Roman clad in toga" from 1891 *Dictionary of Classical Antiquities* **240.** Dirk Bouts, *The Ordeal by Fire before Emperor Otto III* (circa 1470-1475), Royal Museum of Fine Arts, Brussels **241.** "Ordeal of Cold Water" (12th century) **251.** Ernest Brooks, "British Mark I 'male' tank" (1916), Imperial War Museums **254.** "A squad of the Chinese People's Volunteer Army on Triangle Hill"

主要参考文献

John Ayto "Word Origins: The Hidden Histories of English Words from A to Z" A & C Black Publishers

William and Mary Morris "Morris Dictionary of Word and Phrase Origins" Harper & Row, Publishers

Ivor H. Evans "Brewer's Dictionary of Phrase and Fable" Cassell Publishers

Julia Cresswell "Oxford Dictionary of Word Origins" Oxford University Press

Walter W. Skeat "Concise Dictionary of English Etymology" Wordsworth Editions

"The American Heritage Dictionary" A Dell Book

Gyles Brandreth "Everyman's Modern Phrase & Fable" J.M. Dent & Sons

Nigel Rees "Dictionary of Word and Phrase Origins" Cassell Publishers

Revised and Edited by Eugene Ehrlich, Based on the Original Edition by C.O. Sylvester Mawson "The Harper Dictionary of Foreign Terms" Harper & Row Publishers

"Why Do We Say It?: The Stories Behind the Words, Expressions, and Cliches We Use" Chartwell Books

Webb Garrison "Why You Say It: The Fascinating Stories Behind Over 600 Everyday Words and Phrases" Thomas Nelson

Anatoly Liberman "Word Origins … and How We Know Them: Etymology for Everyone" Oxford University Press

Marvin Terban "Scholastic Dictionary of Idioms: More Than 600 Phrases, Sayings & Expressions" Scholastic

Marvin Terban "Scholastic Dictionary of Idioms: More Than 700 Sayings and Expressions" Scholastic

"The Oxford English Dictionary" Oxford University Press

"Collins Cobuild English Dictionary for Advanced Learners" HarperCollins Publishers

寺澤芳雄編『英語語源辞典』研究社

小島義郎、岸暁、増田秀夫、高野嘉明『英語語義語源辞典』三省堂

『ランダムハウス英和大辞典』［電子版］小学館

『ジーニアス英和大辞典』［電子版］大修館書店

『新和英大辞典』［電子版］研究社

『ディコ仏和辞典』白水社

グリニス・チャントレル編『オックスフォード英単語由来大辞典』(澤田治美監訳)柊風舎

井上義昌編『英米故事伝説辞典』冨山房

井上義昌編『英米風物資料辞典』開拓社

ジョーゼフ T. シップリー『シップリー英語語源辞典』(梅田修、眞方忠道、穴吹章子訳)大修館書店

ジェームズ・ロジャーズ『よく使われる英語表現ルーツ辞典』(迫村純男訳)講談社

織田哲司『英語の語源探訪　ことばと民族の歴史を訪ねて』大修館書店

フィリップ・グッデン『物語　英語の歴史』(田口孝夫監訳)悠書館

メルヴィン・ブラッグ『英語の冒険』(三川基好訳)アーティストハウスパブリッ
シャーズ

唐澤一友『世界の英語ができるまで』亜紀書房

梅田修『英語の語源物語』大修館書店

渡部昇一『英語の語源』講談社

渡部昇一『語源力』海竜社

今里智晃『英語の語源物語』丸善

佐久間治『英語の語源のはなし』研究社出版

オウエン・バーフィールド『英語のなかの歴史』(渡部昇一、土家典生訳)中央公論社

寺澤盾『英語の歴史　過去から未来への物語』中央公論新社

寺澤盾『英単語の世界　多義語と意味変化から見る』中央公論新社

ジャン・マケーレブ、安田一郎『アメリカ口語辞典』(エドワード・G・サイデン
ステッカー監修)朝日出版社

ウィークリー『ことばのロマンス　英語の語源』(寺澤芳雄、出淵博訳)岩波書店

H. ブラッドリ『英語発達小史』(寺澤芳雄訳)岩波書店

岸田隆之、早坂信、奥村直史『歴史から読み解く英語の謎』教育出版

橋本功『英語史入門』慶應義塾大学出版会

安井稔、久保田正人『知っておきたい英語の歴史』開拓社

中尾俊夫、寺島廸子『図説　英語史入門』大修館書店

堀田隆一『英語史で解きほぐす英語の誤解　納得して英語を学ぶために』中央大学
出版部

堀田隆一『英語の「なぜ?」に答える　はじめての英語史』研究社

朝尾幸次郎『英語の歴史から考える　英文法の「なぜ」』大修館書店

國原吉之助『古典ラテン語辞典』大学書林

朝倉純孝『オランダ語辞典』大学書林

小林標『ラテン語の世界　ローマが残した無限の遺産』中央公論新社

ジャクリーヌ・ダンジェル『ラテン語の歴史』(遠山一郎、高田大介訳)白水社

『聖書　新共同訳　Good News Bible: Today's English Version』日本聖書協会

木下康彦、木村靖二、吉田寅編『詳説世界史研究　改訂版』山川出版社

ウィリアム・H・マクニール『世界史』上／下(増田義郎、佐々木昭夫訳)中央公論新社

梅田修『ヨーロッパ人名語源辞典』大修館書店

水村光男『新装版　世界史のための人名辞典』山川出版社

佐藤優監修『人物で読み解く　世界史365人』新星出版社

入澤宣幸『ビジュアル百科　世界史1200人　1冊でまるわかり!』西東社

マルコム・デイ『図説　ギリシア・ローマ神話人物記　絵画と系家図で描く100
人の物語』(山崎正浩訳)創元社

マイケル・グラント、ジョン・ヘイゼル『ギリシア・ローマ神話事典』(西田実、
入江和生、木宮直仁、中道子、丹羽隆子訳)大修館書店

ルネ・マルタン監修『図説　ギリシア・ローマ神話文化事典』(松村一男訳)原書房

バーナード・エヴスリン『ギリシア神話物語事典』(小林稔訳)原書房

マイケル・マクローン『知のカタログ　ギリシア・ローマ古典』(甲斐明子、大津
哲子訳)創元社

藤村シシン『古代ギリシアのリアル』実業之日本社

島崎晋『眠れなくなるほど面白い　図解　ギリシャ神話』日本文芸社

ホメロス『イリアス』上／下(松平千秋訳)岩波書店

ホメロス『オデュッセイア』上／下(松平千秋訳)岩波書店

ヘシオドス『神統記』(廣川洋一訳)岩波書店

フェヌロン『テレマックの冒険』上／下(朝倉剛訳)現代思潮社

プラトン『饗宴』(久保勉訳)岩波書店

アリストパネス『鳥』(呉茂一訳)岩波書店

アリストパネース『雲』(高津春繁訳)岩波書店

桜井万里子、本村凌二『世界の歴史5　ギリシアとローマ』中央公論社

Ｉ．モンタネッリ『ローマの歴史』(藤沢道郎訳)中央公論社

塩野七生『ローマ人の物語Ⅰ　ローマは一日にして成らず』新潮社

青柳正規『皇帝たちの都ローマ　都市に刻まれた権力者像』中央公論新社

本村凌二『教養としての「ローマ史」の読み方』PHPエディターズ・グループ

本村凌二『はじめて読む人のローマ史1200年』祥伝社

アルベルト・アンジェラ『古代ローマ人の24時間　よみがえる帝都ローマの民衆
　　生活』(関口英子訳)河出書房新社

マルクス・シドニウス・ファルクス『奴隷のしつけ方』(橘明美訳)筑摩書房

マルクス・シドニウス・ファルクス『ローマ貴族9つの習慣』(北綾子訳)太田出版

永田久『暦と占いの科学』新潮社

ルル・ラブア『占星学　新装版』実業之日本社

岡田晴恵『感染症は世界史を動かす』筑摩書房

ウィリアム・Ｈ・マクニール『疫病と世界史』上／下(佐々木昭夫訳)中央公論新社

見市雅俊『コレラの世界史』晶文社

小川鼎三『医学用語の起り』東京書籍

エティエンヌ・トリヤ『ヒステリーの歴史』(安田一郎、横倉れい訳)青土社

フロイト『フロイト著作集7　ヒステリー研究』(懸田克躬、小此木啓吾他訳)人文書院

キャロル・バラード『人がつなげる科学の歴史1　ワクチンと薬の発見　牛痘か
　　ら抗生物質へ』(西川美樹訳)文溪堂

マルコ・ポーロ『全訳　マルコ・ポーロ東方見聞録』(青木一夫訳)校倉書房

岩村忍『暗殺者教団　イスラム異端派の歴史』筑摩書房

和田光弘『世界史リブレット90　タバコが語る世界史』山川出版社

高橋昌巳監修、こどもくらぶ編『調べる学習百科　ルイ・ブライユと点字をつくっ
　　た人びと』岩崎書店

セルバンテス『新訳　ドン・キホーテ』前編／後編(岩根圀和訳)彩流社

レイ・ブラッドベリ『華氏451度』(宇野利泰訳)早川書房

沼澤茂美、脇屋奈々代『ここまでわかった！　太陽系のなぞ　探査機の写真で見え
　　てきたおどろきの姿』誠文堂新光社

田近英一監修『惑星・太陽の大発見』新星出版社

塚田健『図解　身近にあふれる「天文・宇宙」が3時間でわかる本』明日香出版社

『学研の図鑑　電気』学習研究社

伊藤尚未『よくわかる電気のしくみ　電気ってなんだ？　その正体・発電・利用
　　方法を知ろう』誠文堂新光社

高橋雄造『電気の歴史　人と技術のものがたり』東京電機大学出版局

徳善義和『マルティン・ルター　ことばに生きた改革者』岩波書店

ヨハン・ベックマン『西洋事物起原』(一)〜(四)(特許庁内技術史研究会訳)岩波書店

汐見稔幸監修『知ってびっくり！　ことばのはじまり物語』学研教育出版

汐見稔幸監修『知ってびっくり！　もののはじまり物語』学研教育出版

チャールズ・パナティ『はじまりコレクション』Ⅰ／Ⅱ／Ⅲ(バベル・インターナショ
　　ナル訳)フォー・ユー

英単語・英語表現 索引

A **ABC** *51* He had to learn how to drive again, starting with the **ABC**s. *51*
ABC and XYZ *51*
abed *216*
abracadabra *165*
academic *230* **academic** pedigree *215*
academy *230*
Achilles *162* **Achilles** heel *162* **Achilles** tendon *163* His **Achilles** heel is his carelessness. *163*
adder *45*
Admiral Grog *122*
AI (Artificial Intelligence) *16*
album *235* the White **Album** *235*
alchemy *181*
alcohol *42* **alcohol** of wine *42*
algebra *42*
alibi *66* She has an **alibi** for that time. *66* The detective broke the suspect's **alibi**. *66* She **alibi**ed her friend out of a difficult situation. *66*
alkali *42*
almanac *14*
alphabet *50, 51* Nowadays, when it comes to mathematics, college freshmen don't even know the **alphabet**. *51*
Amazon *147, 164, 165* **Amazon**. com, Inc. *165*
amber *252*
ambition *238*
ambitious *238* Boys, be **ambitious**! *238*
ambulance *238*
annual *14*
anopheles *134*
aphrodisia *194*
aphrodisiac *150, 194*
Aphrodite *151*
Apollo *155*
apron *45*
Aquarius *183*
Archer *183*
archery *183*
areology *197*
Aries *182, 183*
aristocracy *222*
assassin *246, 247*

assassinate *247*
assassination *247*
asterisk *181*
Astro Boy *181*
astrologer *180*
astrological *180*
astrology *180, 181, 182*
astronaut *181*
astronomer *181*
astronomical *181* **astronomical** figure *181*
astronomy *180, 181*
atom *26, 181*
atomic bomb *181*
A to Z *51*
audience *237*
auger *45*
August *80, 81*
B **bacillus Calmette-Guérin (BCG)** *137, 138, 139*
bank *54, 55* river**bank** *54*
bankrupt *55*
bankruptcy *55*
barbarian *224, 225*
barbarism *224*
barbarous *224*
Barbary *224*
barber *225*
beard *109, 225*
bell *84* **bell**-bottoms *84*
bikini *26, 27*
biscuit *62*
Black Death *128*
blackmail *248, 249* The suspect **blackmail**ed the politician for $20,000. *248*
blacksmith *157*
bloody *86* **Bloody** Mary *86*
bloomer *107* Amelia **Bloomer** *107*
bottom *84* bell-**bottom**s *84*
bouquet *20*
boycott *104, 105* Charles **Boycott** *105*
braille *102, 103* Louis **Braille** *102*
brain *255*
brainwash *255* **brainwash**ing *254, 255* Brain-wash**ing in Red China *255*
brave *225*
bread and meat *95*
Bull *183* I'm the **Bull**. *183*
Burberry *224*
burnside *109* Ambrose **Burnside** *108*

英単語・英語表現 索引

bus *63*

C **Cadabra.com** *165*
cadaver *165*
Caesarean *82* **Caesarean** section *82, 83*
calendar *190* lunar **calendar** *190*
camera *30, 31* Radcliffe **Camera** *30*
canary *210, 211* **Canary** Islands *210, 211* **canary** in the coal mine *210*
cancel *52* The wage increase will be **cancel**ed out by higher prices. *52*
cancer *126, 127* **Cancer** *182* I'm a **Cancer**. *127*
candidate *234* She is a **candidate** for governor. *234*
canine *211* **canine** tooth *211*
canker *127*
Capricorn *183*
carcinoma *126*
cardigan *106* 7th Earl of **Cardigan** James Brudenell *106*
care *213* kangaroo **care** *213*
Carthage *218*
cashmere *25* **cashmere** goat *25*
cataract *141*
catarrh *141*
caterpillar *250*
cavalier *34*
Celsius *114, 115* Anders **Celsius** *114*
centigrade *115*
centimeter *115*
cereal *174, 175*
chain mail *248*
chameleon *220*
chaos *148, 179*
chariot *12, 251*
chauvinism *119*
chauvinist *118, 119* male **chauvinist** *119* female **chauvinist** *119*
chauvinistic husband *119*
chemistry *181*
chicken pox *142*
cholera *132, 133* court for King **Cholera** (A) *133*
chorus *226*
chum *214* Pedigree **Chum** *214*
cicada *89*
cigar *89*
cigarette *89*
Civil War (the) *108*
claustrophobia *197*
client *236, 237*

closure *213* kangaroo **closure** *213*
coal mine *210* canary in the **coal mine** *210*
comedy *227*
comet *186* Halley's **Comet** *187*
consul *233*
cosmetic *179*
cosmos *178, 179*
court *133* **Court** for King Cholera (A) *133* kangaroo **court** *213*
cow *242*
cowpox *144*
crab *127* **Crab** *183* I'm the **Crab**. *127*
Cronus *200, 206*
crossbreed *215*
cupid *153* **Cupid**'s disease *130*
cupidity *153*
curfew *242, 243* This hotel's **curfew** is 9:00 PM. *243* Come back home before your **curfew**. *243*
curriculum *12*
customer *237*
cynic *59*
cynical *59*

D daily *14*
dandelion *216*
December *79, 169*
Deimos *197*
denim *24*
dental *217* **dental** care *217* **dental** hygiene *217* **dental** hygienist *217*
dentist *217*
dentistry *217*
dictator *233* The Great **Dictator** *233*
disaster *180*
disease *130* Cupid's **disease** *130*
diversion *68*
dog *211*
Don Quixote *90*
Don't Stop Me Now *113*

E Earth (the) *188*
echo *19*
electric eel *41*
electricity *252, 253*
erotic *152*
eroticism *152*
E.T. *189*
Eurasia *159*
Europa *159*
Europe *158, 159*

英単語・英語表現 索引

evening star (the) *195*
extraterrestrial *189*

F   **Fahrenheit** *112, 113*   Gabriel
     Fahrenheit *112*
Fahrenheit 451 *113*   7800°
Fahrenheit *113*   **Fahrenheit** 9/11
113   I'm burnin' thru the sky / Two
hundred degree / That's why they
call me Mr **Fahrenheit** *113*
family *67*   the Kennedy **family** *67*
He is a man of good **family**. *67*
family tree *215*
fart *181*
fascism *185*
fast *173*
February *169*
female chauvinist *119*
first name *34*
Fish *183*
fixed *184*   **fixed** star *184*
flea *60*   **flea** market *60*
flu *124*   Spanish **flu** *125*
focus *32, 33*   The picture is in **focus**.
33   out of **focus** *33*   The singer is
the **focus** of our attention. *33*   He
focused his attention on his work.
33   I am **focus**ing on writing the
book. *33*
franc *23*
France *23*
frank *22, 23*   Tom is a **frank** guy. *23*
To be **frank** with you, … *23*
Frankfurt *23*   **Frankfurt** am Main *23*
frankly *23*
Franz Mesmer *116*
free *35*
freelance *35*
freelancer *35*
free market *60, 61*

G   **Gaea** *188*
     gag *21*   **gag** the press *21*
galvanize *253*
gas *179*
Gemini *182*
genealogy *214*
Genoa *24*
Gentleman's Magazine (the) *15*
geography *189*
geology *189*
giraffe *220*
global *188*
globe *188*

Goat *183*   cashmere **goat** *25*
Godfather (The) *67*
gorilla *218*
gourmet *20*
Grand Tour (the) *131*
great pox *131, 143*
greenmail *249*
grog *122*   Admiral **Grog** *122*
groggy *122*
grogram *122*
guest *237*
guillotine *98*
guy *75, 92*   He's a good **guy**. *92*   Hi,
     guys! *92*
Guy Fawkes *93*
gym *40*
gymnasia *40*
gymnasium *40*   **gymnasium**s *40*
gymnast *41*
gymnastic *41*
gymnosophist *41*
gymnosperm *41*
gymnotus *41*

H   **Hades** *207*
     half *215*   She is **half**-Japanese
and **half**-American. *215*
Halley's Comet *187*
heel *162*   Achilles **heel** *162*
hippo *209, 219*
hippopotamus *209, 219*
hobby *68*   **hobby**-horse *69*
Homer *72*
hooligan *110*   Patrick **Hooligan** *110*
     Hooligan Nights *110*
horoscope *182*
hound *211*
house *182*
hybrid *215*   **hybrid** rice *215*
hypnotism *117*
hypnotist *117*
hypnotize *117*
hysteria *140*
hysteric *140*
hysterical *140*

I   **influence** *124*
     influenza *124*
inquisition *39*
inquisitive *39*
interest *68*   **interest**ing *68*

J   **January** *169, 172*
     Janus *172*   **Janus**-faced *173*
Janus-faced view of history *173*

Janus-word *173*
JAWS *217*
Jean Nicot *88*
jeans *24*
jingo *118* Hey **jingo**! *118* by **jingo** *118*
jingoism *118*
jingoist *118*
jinx *71*
Joseph Guillotin *98*
journey *36* sentimental **journey** *36*
Jove *199*
jovial *199*
July *78, 79*
Jupiter *159, 198*

K **kangaroo** *212, 213* **kangaroo**
   court *213* **kangaroo** closure
  213 **kangaroo** care *213*
Kashmir *25*
kennel *211*
kill *247* **kill**-time *68*
knife *46*
knight *34*

L **labyrinth** *159*
  lance *35*
last name *34*
Leo *182*
Libra *183*
limes *239*
limit *239*
Lion *183* **lion** *220*
lioness *220*
lounge *48, 49* **lounge** around *49*
  lounge in a chair *49*
Love is blind. *142*
Love sees no faults. *142*
lunar *191* **lunar** calendar *190*
lunatic *191*
lynch *100* **lynch**ing *100* William
  Lynch *100* James **Lynch** Fitz-
  Stephens *101* Charles **Lynch** *101*
  James **Lynch** *101*

M **magazine** *14, 15* powder
  magazine *14* The Gentleman's
  Magazine *15* A Monthly
  Collection to treasure up, as in a
  Magazine, the most remarkable
  Pieces *15*
Maghreb *225*
Maiden *183* **maiden** name *183*
mail *248* a **mail** of letters *248*
  snail-**mail** *248* plate **mail** *248*
  chain **mail** *248*

malaria *134*
male chauvinist *119*
March *78, 168, 169, 197*
Mars *169, 196*
Martial *169*
Martian *196*
measure *190*
menses *190*
menstruation *190*
mentor *72, 73* **mentor**ing *72*
merchant *61, 193*
Mercury *192*
mesmerism *117*
mesmerist *117*
mesmerize *116* He was **mesmerize**d.
  117 I was **mesmerize**d by her
  smile. *117*
mess *53* Here is a nice **mess**. *53*
Middle English *47*
Minerva *206*
mixed breed *215*
Modern English *47*
mongrel *215*
monokini *27*
monorail *27*
month *190*
monthly *14*
moon *184, 190* Saturn's **moon**s *185*
  the **moon**s of Saturn *185*
moonlight *191*
morning star (the) *195*
Morris dance *69*
murder *247*
Muse *154, 155*
museum *155*
music *154, 155*
mustache *109*
mutt *215*

N **napkin** *45*
  nationalist *118*
Neptune *204, 205*
nice *53* **nice** weather *53* I had a **nice**
  time. *53* It's so **nice** to meet you. *53*
  Nice shot! *53* Here is a **nice** mess.
  53 What a **nice** smell! *53*
Nicolas Chauvin *118, 119*
nicotine *88*
Nike *147, 160, 161*
Norman Conquest *242*
November *79*

O **ocean** *148, 149*
  Oceanus *149*

英単語・英語表現 索引

October *79, 169*
octopus *79*
odyssey *56*
OK *28* I'm **OK**. *29*
Old English *46*
omnibus *63*
ordeal *240* She faced her **ordeal** with courage. *240*
ostracism *223*
ostracize *222, 223*
ostracon *223*
outer space *178*
overlook *173*
ox *242*

P pandemic *19*
panic *18* cause a **panic** *18* get into a **panic** *18* I always **panic** at the thought of taking the entrance exams. *18*
Pan-Pacific *19*
pantaloon *84, 85* a pair of **pantaloons** *85*
pants *85*
parody *227*
passenger *237*
pastime *68*
patriot *118* New England **Patriots** *118*
patron *237*
pedigree *214, 215* **Pedigree** Chum *214* family of **pedigree** *215* woman of **pedigree** *215* **pedigree** of a word *215* academic **pedigree** *215* **pedigree** dog *215* **pedigree**d dog *215*
pee *217*
pencil *137*
penicillin *137*
penicillium *137*
periodical *14*
pest *128*
phobia *197* acro**phobia** *197* xeno**phobia** *197* claustro**phobia** *197*
Phobos *197*
pig *242*
Pisces *183*
piss *216, 217*
pissabed *216*
plague *128*
planet *184*
plate mail *248*
Plato *76*
Platonic *76* **Platonic** love *76, 77*

Pluto *206, 207* **pluto** *207* He was **pluto**ed from section chief to ordinary worker. *207*
pockmark *142*
pop *38* **pop** quiz *38*
powder *14* **powder** magazine *14*
pox *142* great **pox** *131, 143* small**pox** *131, 142, 143* chicken pox *142* cow**pox** *144*
Present-day English *47*
prince *80*
psychiatry *153*
psychic *153*
psychology *153*
Ptolemaic system *178*
Ptolemy *178*
puppy *211*

Q quarantine *129*
quarterly *14*
quintet *79*
quixotic *90*
quiz *38* pop **quiz** *38*

R Ram *183*
Red Planet *196*
rhino *219*
rhinoceros *219*
rhinology *219*
robot *16*
Rome *166*
R.U.R.(Rossum's Universal Robots) *16*

S Sagittarius *183*
sanction *173*
sandwich *94* Earl of **Sandwich** *94*
Satan *201*
satellite *184, 185*
Saturn *185, 200* **Saturn**'s moons *185* the moons of **Saturn** *185*
Scales *183*
scholar *65*
scholastic *65*
scholasticism *65*
school *64* public **school** *64, 65*
schoolman *65*
Scorpio *182, 183* I'm a **Scorpio**. *182*
section *82* Caesarean **section** *82, 83*
See Naples and die. *131*
senate *232*
senator *232*
September *79, 169*
serial number *174*
shampoo *43*
sheep *242*

sideburns *108*, *109*
sightsee *255*   **sightsee**ing *255*
sign *182*   What is your zodiac **sign**?
 182   What is your star **sign**? *182*
 What's your **sign**? *182*   What **sign**
 are you? *182*
silhouette *96*, *97*   Étienne de
 Silhouette *96*
singularity *17*
siren *56*, *57*
sirloin *34*
s-mail *248*
small *143*
smallpox *131*, *142*, *143*
smell *53*   What a nice **smell**! *53*
smile *38*   **smile**s *38*
smith *157*   **Smith** *157*
snail *248*   **snail**-mail *248*
space *178*
spectator *237*
star *180*   What is your **star** sign? *127*,
 182   fixed **star** *184*
stoic *58*
streptomycin *137*
Sun *184*
sunlight *191*
suspect *248*   The **suspect** blackmailed
 the politician for $20,000. *248*
Swoosh *161*
symposium *76*, *228*
syphilis *130*
 taboo *70*
 tank *12*, *250*, *251*   **Tank** Supply
 251   Thomas **Tank** Burrall *251*
Taurus *182*, *183*
Teddy *120*   **teddy** bear *120*   **Teddy**'s
 Bear *121*
tendon *163*   Achilles **tendon** *163*
terra *188*, *189*
terrace *189*
terrestrial *189*
terrier *189*
territory *189*
Theodore Roosevelt *120*
titan *148*, *149*   **Titan** *201*
Titanic *148*
titanium *148*
tobacco *88*
tour *36*
tragedy *226*
travail *37*   woman in **travail** *37*
travel *36*, *37*

trident *205*
trip *36*
Triscuit *62*
Trojan War *73*
trousers *84*
tuber *136*
tubercle *136*
tuberculin *137*   **tuberculin** reaction
 137
tuberculosis (TB) *136*, *139*
tumor *126*
Twins *183*
tyranny *222*, *223*
tyrant *170*, *222*
 Ulysses *57*
 umpire *44*, *45*
universal *188*
universe *178*, *188*
Uranus *177*, *202*
urinate *217*
urine *217*
 vaccination *145*
 vaccine *144*, *145*
variola *142*, *143*
Venus *151*, *194*, *195*
victory *161*
Virgin *183*   **Virgin** Queen *89*
Virginia *89*
Virgo *182*
visitor *237*
volcanist *157*
volcano *156*, *157*
volcanology *157*
volt *253*
voyage *36*
 wall *60*   **Wall** Street *60*
 wash *255*
Water Carrier *183*, *250*
water closet *251*
weekly *14*
whiskers *109*   side **whiskers** *109*
white *235*   the **White** Album *235*
whitemail *249*
William the Conqueror *186*, *242*
Word of the Year *207*
world *188*
 xenophobia *197*

 yearbook *14*
 yearly *14*
 zodiac *182*   What is your
 zodiac sign? *182*

英単語・英語表現 索引

◆著者紹介

小泉牧夫（こいずみ・まきお）

英語表現研究家、英語書籍・雑誌編集者。1953年東京都生まれ。1977年青山学院大学卒業、NHK出版に入社。編集長として大杉正明・杉田敏・遠山顕等が講師を務めるNHK英語テキストの編集・統括を行う。また、英語力を生かし海外担当として世界中のブックフェアを駆け回り各国の出版社との版権交渉も行った。企画・編集した単行本は韓流ブームを巻き起こした『冬のソナタ』、アドラー・ブームの先駆けとなった岸見一郎『アドラー　人生を生き抜く心理学』、翻訳家・松岡佑子の自伝エッセイ『ハリー・ポッターと私に舞い降りた奇跡』、日本エッセイスト・クラブ賞受賞のNHK元モスクワ支局長・小林和男『エルミタージュの緞帳』、英国人Brian Powleの英文エッセイ"My Humorous Japan"など200冊におよぶ。現在、英語表現研究家として活躍。著書に『世にもおもしろい英語　あなたの知識と感性の領域を広げる英語表現』『アダムのリンゴ　歴史から生まれた世にもおもしろい英語』（共にIBCパブリッシング）がある。楽しくて勉強にもなるエンタテインメントとしての英語を追求しながら、書籍や雑誌記事を執筆し講演活動も行っている。

アッと驚く英語の語源

2021年8月10日　初版印刷
2021年8月25日　初版発行

著　者　　小泉牧夫
発行人　　植木宣隆
発行所　　株式会社　サンマーク出版
　　　　　東京都新宿区高田馬場 2-16-11
　　　　　（電）03-5272-3166

印刷・製本　三松堂株式会社

ISBN978-4-7631-3914-6　C2082
ホームページ　https://www.sunmark.co.jp